Si veo ese árbol como todo el mundo la ve, no tengo nada que decir sobre aquel árbol. No vi ese árbol. Es cuando el árbol desencadena en mí una serie conexa de emociones que la veo diferente y justa. Y en la proporción en que esas ideas y emociones sean aceptables a todo el mundo, y no sólo individuales, el árbol será el Árbol.

Álvaro de Campos

Copyright © 2018 Paulo Nunes de Abreu

Licensees may copy, distribute, display and make derivative works based on it only if they give the author the credits in the manner specified by these rights and only under a license identical to the license that governs this work.

Los licenciatarios pueden copiar, distribuir, mostrar y realizar trabajos derivados basados en él solo si otorgan al autor los créditos de la manera especificada por estos derechos y solo bajo una licencia idéntica a la licencia que rige este trabajo.

Series: Arquitectar la Colaboración (Book 1)

Paperback: 137 pages

Publisher: Independently published (August 15, 2018)

Language: Spanish

ISBN-10: 1718166826

ISBN-13: 978-1718166820

Imagen de la portada: Sesión 'Campfire' sobre el Liderazgo Facilitador en el hotel eVolution en Lisboa, con los facilitadores (de izquierda a derecha): Eduardo Espinheira, Rita Oliveira Pelica, Bruno Azevedo, Luis Alberto Simões y Teresa Rosalino.

Acerca de la serie

"Arquitectar la Colaboración" es el título de una serie de libros dedicados a la facilitación de grupos, sus principios, métodos y técnicas, que pueden ser aplicados por todas las personas que creen en el poder de la colaboración y del trabajo en equipo.

Se trata de una obra de la autoría de Paulo Coimbra Nunes de Abreu, psicólogo organizacional y gestor de empresas que, desde los años 90, ha venido a aplicar los conocimientos de la facilitación de grupos en este doble ámbito:

> Por un lado, en el ámbito de la gestión, para obtener resultados más eficaces con el trabajo en grupo en las organizaciones, desarrollando equipos de alto rendimiento.
>
> Pero también, en el marco de la consultoría, para desarrollar y perfeccionar la 'facilitación de grupos' como una actividad profesional, crecientemente usada en los más variados ámbitos empresariales, organizativos o comunitarios.

Esta serie ofrece, por lo tanto, un tipo de libro diferente para cada una de estas áreas de intervención.

El primer volumen - 5 Pasos para un Liderazgo Facilitador - se dirige a la primera y el 2º volumen - Facilitar Grupos y Liderar por la Facilitación - está destinado a la segunda.

Acerca del autor

Soy un arquitecto de la colaboración. Mi conjunto de habilidades únicas se forjó a lo largo de más de 25 años de experiencia laboral en varios puestos de alta dirección ejecutiva en diferentes tipos de organizaciones y funciones de trabajo que van desde la psicología organizacional hasta la gestión estratégica.

Actualmente, trabajo con gestores, formadores, profesores y facilitadores de grupo interesados en alcanzar resultados extraordinarios a través de la gestión participada y en la creación de alianzas estratégicas.

Como facilitador profesional certificado y miembro de la IAF (*International Association of Facilitators*), he iniciado las Cumbres Ibéricas de Líderes de la Salud en España y el Foro del Hospital del Futuro en Portugal. Me especializo en GDSS (sistemas de apoyo a la decisión grupal) y he diseñado intervenciones para optimizar el cambio y la innovación en salud y educación dentro de los gobiernos regionales y nacionales.

Soy un orgulloso padre de cuatro jóvenes maravillosos, disfrutando de largos senderos con mis dos labradores en la Meseta Ibérica, siempre perfeccionándome en el golf y en la equitación.

Leyenda de iconos más usados

 Referencia bibliográficas

 Referencias en *Internet*

 Ejemplos

 Resumen

 Contenidos de una reunión

 Procesos, reuniones planificadas

 Mis observaciones

 Citas y definiciones

 Lista de atributos de un concepto, *checklist*

 Referencia a contenidos presentados más adelante

 Referencia a contenidos inmediatamente abajo

 Colaboración espontánea, referencia en la comunidad

 Colaboración genuina

 Advertencia, atención a observar

Lista de cuestiones para la reflexión

  Punto a destacar, Take away

  Consejo práctico para una sesión

Tabla de contenidos

Acerca de la serie	3
Acerca del autor	4
Leyenda de iconos más usados	5
Tabla de contenidos	7
Índice de figuras	9
Índice de tablas	10
Índice de imágenes	11
Prefacio	13
I. Introducción	**15**
El propósito de este libro	**15**
¿Por qué arquitectura de la colaboración?	17
Un nuevo paradigma	23
En resumen	25
II. Líderes facilitadores	**27**
¿Qué hacen los facilitadores?	27
Los valores de la decisión participada	28
Líder facilitador vs. facilitadores de grupos	31
Valores Fundamentales de la Facilitación	34
En resumen	36
III. Los pasos para la colaboración	**37**
Cómo hacer que la colaboración funcione	**37**
Involucrar a las partes pertinentes	38
Construir el consenso a través de talleres	39
Las disciplinas pendientes	51
Proyectar el proceso colaborativo	**53**
Nombrar un facilitador para el proceso	**59**
Diseñar el proceso de colaboración	59
IV. La gestión de la memoria del grupo	**65**
Creando un sentido de participación	65
Los problemas de la memoria de grupo	**70**
En resumen	75

V. Otros aspectos a considerar: STEPS	**77**
El poder de síntesis de un acrónimo	77
VI. Apoyo de la tecnología	**95**
Los primordios de la colaboración	95
Artefactos para la colaboración	100
Mantener la objetividad del grupo	103
Liberar el potencial creativo de los grupos	106
En resumen	109
Anexo I	**113**
Anexo II	**121**
Facilitadores de grupo	**123**
Referencias bibliográficas	**125**
Referencias	**127**

Índice de figuras

Figura 1 - Una visión sistémica para los procesos colaborativos (Strauss, 2002).. 22
Figura 2 - La importancia de una estructura conceptual compartida en la resolución de un problema 25
Figura 3 - Diferencia entre un grupo y un equipo 42
Figura 4 – Diagrama de flujo de tiempo en una reunión convencional - Williams, R.B. (2007)............................. 43
Figura 8 - Articulación entre líder y facilitadores en los 5 pasos para la colaboración 59
Figura 6 - Modelo jerárquico de los procesos colaborativos 53
Figura 7 - Agenda de una reunión convencional (Kaner, et al. 2007).. 55
Figura 8 - Agenda de una reunión con una colaboración planificada (Strauss, 2002)... 55
Figura 9 - El uso de la colaboración aumentada en el mundo de las reuniones 98
Figura 10 - El papel de las microestructuras en la producción de resultados (Lipmanowicz & McCandless 2013) 106
Figura 11 - Métodos de interacción en grupo, Lipmanowicz and McCandless (2013) 107

Índice de tablas

Tabla 1 - Los diferentes cargos de un arquitecto de la colaboración 18
Tabla 2 - Valores de grupos participativos de Sam Kaner y las competencias de los facilitadores 30
Tabla 3 - Diferencias entre facilitadores y líderes facilitadores . 33
Tabla 4 - Los valores de la facilitación de grupos aplicados al liderazgo facilitador 34
Tabla 5 - Principales síntomas de reuniones convencionales para la resolución de problemas complejos 46
Tabla 6 - La cultura dominante en reuniones convencionales vs. reuniones participativas 48
Tabla 7 - Diferencias entre una reunión y un taller 50
Tabla 8 - Cuando realizar un taller 51
Tabla 9 – Papeles de facilitador y líder en la planificación de la agenda de un taller (Kaner, 2007) 61
Tabla 10 - Criando un sentido de participación en una reunión. 67
Tabla 11 – Variables a considerar para diseñar un proceso colaborativo en un taller (Spencer 1989) 78
Tabla 12 - Diferencias entre puntos a tratar e productos de la reunión 87
Tabla 13 - Diferentes estilos de facilitación según varias escuelas de origen 93
Tabla 14 - Impacto tecnológico en los 3 tipos de colaboración 101

Índice de imágenes

Imagen 1 - Las pantallas interactivas o *team displays* 16
Imagen 2 - Un mundo de materiales (no digitales) para la facilitación de talleres 20
Imagen 3 - Espacios para la colaboración o 'huddle rooms' 40
Imagen 4 - "*Huddle rooms*" como tiendas beduinas en la sede de AirBnB 41
Imagen 5 – Aspecto de una sala de reuniones en el LEF 80
Imagen 6 – Ejemplo de un monitor interactivo para anotaciones en una sala de reuniones 96
Imagen 7 - Ejemplo de una sala de decisiones con el GDSS Spilter. 98
Imagen 8 – Boceto de un software de ideación GroupMap, una nueva clase de GDSS 99

Prefacio

No puedo precisar bien la fecha, pero fue ciertamente un momento clave en mi formación como facilitador de grupos y, más tarde, como líder facilitador.

La primera vez que leí el libro - *How to Make Collaboration Work: Powerful Ways to Build Consensus, Solve Problems and Make Decisions* - encontré un sentido para lo que, en la práctica, ya venía a realizar desde el principio de mi vida profesional.

Tomé conciencia de que facilitar grupos era una profesión y que yo no estaba solo en esta profunda creencia que la colaboración y la gestión participada, pueden transformar a las personas, a los grupos, a las organizaciones y, así, a la propia sociedad en su conjunto.

Considerado por muchos como el padre de la facilitación de grupos, David Strauss, identificó y publicó en 2002 los cinco principios para diseñar un proceso de colaboración y son esos principios que abordaré aquí.

Al distinguir entre contenidos y procesos de grupo, los líderes facilitadores se perfeccionan en el uso de métodos y técnicas de intervención que les permiten ejercer una forma de liderazgo colaborativo, a través de la cual un grupo se transforma en un equipo bien cohesionado, que asume la responsabilidad por las tareas asignadas y se organiza para poder llevarlas a cabo con éxito.

Este libro, es el primer volumen de la serie "Arquitectar la Colaboración" y se dirige a todos los gestores y consultores que se quieran perfeccionar como líderes facilitadores.

Si, después de este libro, siente que todavía necesita saber más sobre los principios y las técnicas de facilitación de grupos, entonces el volumen 2 de esta serie puede serle útil.

Como las competencias de la IAF - *International Association of Facilitators* - nos muestran bien, la facilitación de grupos es un proceso amplio que incluye el diagnóstico del contexto, la contratación con el cliente, el diseño de la sesión, o sea, un conjunto de tareas que tienen mucho más que ver con lo que yo designo por "arquitectura de la colaboración" que con los procesos grupales y la dinámica de grupos propiamente dicha.

Sin embargo, todas estas tareas (diagnosticar, contratar, planear, intervenir y evaluar) son igualmente importantes y es su diversificación que da una vida y un sabor tan especial al ejercicio de un liderazgo facilitador, el que genera la plena satisfacción del grupo por una colaboración genuina.

I. Introducción

El propósito de este libro

Hoy en día, el compartir el conocimiento es uno de los factores más importantes para aumentar la productividad de una organización. El concepto de arquitectura de la colaboración gana su importancia en el contexto de la actual revolución digital, donde aparecen cada vez más nuevas tecnologías que aumentan la eficacia de las reuniones y del trabajo en equipo.

Este libro se dirige a todos los líderes en el siglo XXI, que adoptan comportamientos facilitadores e implican cada vez más a sus colaboradores en la resolución conjunta de problemas y en la toma de decisión.

La contribución fundamental de un arquitecto de la colaboración se centra en el dominio de las personas - peopleware - donde ella o él será esencialmente un líder facilitador que adopta los valores y los principios de la facilitación de grupos para crear una cultura de reuniones más colaborativas y poder obtener los mejores desempeños en las organizaciones que dirige.

Para ello, abordaremos:

- En la **introducción**, la emergencia de un nuevo paradigma para la resolución de problemas y la decisión en grupo.

- En el **capítulo II**, lo que son y lo que hacen los arquitectos de la colaboración.

- En el **capítulo III**, como arquitectar de la colaboración.

- En el **capítulo IV**, la gestión de los registros del grupo como una pieza clave para facilitar la colaboración.

- En el **capítulo V**, los cinco aspectos a considerar en la producción de la colaboración.

- Finalmente, en el **último capítulo**, el apoyo de la tecnología a los procesos colaborativos

En este capítulo, veremos ahora:
- ✓ **La revolución digital y un nuevo paradigma para la resolución de los problemas.**

La revolución digital está teniendo un impacto en el lugar de trabajo en un nivel que sólo podría ser previsto por los escritores de ciencia ficción hace apenas 40 años. Un nuevo concepto surgió como complemento al de lugar de trabajo (espacio de trabajo) tal como se describe en un artículo escrito por Antonio Fernandes[i]:

> "En el concepto de *workspace* podemos acceder a nuestras herramientas de trabajo e interactuar con nuestros compañeros de trabajo sin realmente estar físicamente presentes. Esto significa que hoy en día la tecnología nos permite entrar en nuestro espacio de trabajo incluso sin estar físicamente en el lugar, gracias a las interacciones digitales".

En consecuencia, las oficinas físicas, tal como las conocemos, están evolucionando, abriendo el camino hacia una diversidad de nuevos lugares de trabajo y aparecen nuevos conceptos como *co-working*[ii], *huddle rooms*[iii], *hot desking*[iv], entre otros.

Imagen 1 - Las pantallas interactivas o *team displays*

🌐 Según Melanie Pinola, de la revista online *Lifewire*, "el término groupware hace referencia a varios tipos de entornos de trabajo colaborativos soportados por ordenador" incluyendo el software, pero también los elementos de hardware para la colaboración, como la videoconferencia y una nueva categoría de hardware producto, las pantallas de gran formato interactivas o *team collaboration displays*[v].

¿Por qué arquitectura de la colaboración?
Soy un curioso sobre este término desde que el uso como lema en mi perfil de LinkedIn. En este libro, está mi intento de responder a las siguientes preguntas:

🧠 ¿Qué es realmente un arquitecto de colaboración? ¿Dónde interviene? ¿Cómo?

Definiendo el concepto
Para responder a estas preguntas, necesitamos primero abordar la noción de arquitectura de la colaboración. Un referente teórico reciente ayuda a organizar este tema en torno a tres dimensiones diferentes, que son todas igualmente necesarias: el dominio de las personas (los actores), el dominio del lugar de trabajo y finalmente el dominio de la tecnología de la información.

📚 Un artículo publicado en el Strategic Management Journal en 2012 explica:

> 💬 "Las empresas enfrentan cada vez más presiones competitivas en relación con la adaptación rápida y continua a un entorno global complejo, dinámico y altamente interconectado. Las presiones de estos desafíos incluyen ciclos de vida de productos más cortos y que incorporan múltiples tecnologías en su concepción, la cocción de productos y servicios con los

clientes y socios, y la necesidad de aprovechar el conocimiento científico y técnico en múltiples sectores.

En respuesta, observamos la emergencia de nuevos modelos de organización que son fundamentalmente diferentes (...) y basados en tres elementos principales:

1) Actores que poseen capacidades y valores para auto-organizarse;

2) Inmuebles comunes donde los actores acumulan y comparten recursos; y

3) Protocolos, procesos e infraestructuras que permiten la colaboración de múltiples actores.

Un arquitecto de colaboración interviene en estos tres niveles, pero con diferentes funciones o cargos profesionales (ver Tabla 1 - Los diferentes cargos de un arquitecto de la colaboración).

Arquitectura de la colaboración	Dominio	Título de trabajo alternativo
Actores que poseen capacidades y valores para auto-organizarse.	Personas	Facilitador de grupos
Inmuebles comunes donde los actores acumulan y comparten recursos.	Lugar de trabajo / espacio de trabajo (Workplace / wokspace)	Diseñador / programador de *groupware*
Protocolos, procesos e infraestructuras que permiten la colaboración de múltiples actores.	TIC (Tecnologías de la información y comunicación)	Arquitecto empresarial / Ingeniería informática

Tabla 1 - Los diferentes cargos de un arquitecto de la colaboración[vi]

La importancia del peopleware

🌐 La noción de 'people ware' fue inventada por científicos de la computación para cubrir todos los aspectos críticos de la dimensión humana y organizativa en cualquier proyecto de Tecnologías de Información (TI) que deba ser seriamente considerado.

Si esta noción fue útil en el amanecer de los tiempos, más aún en el siglo XXI, donde casi todos los proyectos de TI tienen extensos requisitos de trabajo colaborativo.

Cuando me encuentro con gerentes o formadores en los más diversos tipos de organización, siempre hay una insatisfacción permanente con los procesos de resolución de problemas y de toma de decisiones en la organización.

Esto a menudo lleva a niveles variados de frustración en el uso de tecnologías que deben facilitar la colaboración en grupo. Este es un tipo de lamentación que oigo frecuentemente en las empresas que visito, en relación con una herramienta de colaboración de Microsoft Office 365[vii], pero que bien podría referirse a cualquier otra:

> "Tenemos *Microsoft Teams* instalado en nuestra empresa desde hace un año, pero realmente nadie lo utiliza. Es increíble cómo esta herramienta bien usada y aprovechada podría ser muy útil.
>
> Por ejemplo, cada vez que terminamos una reunión los archivos presentados podrían ser compartidos aquí de tal forma que éste fuera un registro permanente de la memoria del grupo, sin tener que estar buscando en los e-mails recibidos, una pura pérdida de tiempo."

La era del papel
La revolución digital marcó el inicio de la era de la información y su impacto en la manera en que la gente trabaja en las organizaciones sólo está empezando a ser notado. Pero en lo que se refiere a la vida organizacional, y particularmente en la realización de reuniones, muchas organizaciones todavía están en la llamada "era del papel". Los facilitadores de grupos todavía son tímidos en cuanto al uso de herramientas digitales en la sala de reuniones. Los caballetes o flipcharts, cuadros blancos, notas post-it, en que el papel y la pluma todavía son las herramientas más comunes adoptadas por los facilitadores de reunión en todo el mundo.

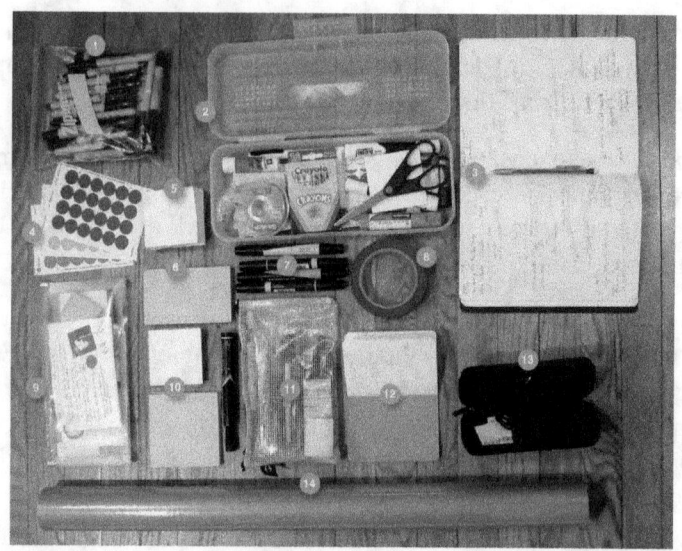
Imagen 2 - Un mundo de materiales (no digitales) para la facilitación de talleres

Vacío digital

El impacto de la era digital en las reuniones ya ha comenzado. Gracias al enorme crecimiento de los servicios de conferencia web, las aplicaciones de Skype, Webex, Go-to-Meeting o Join Me [viii] son cada vez más populares y las ganancias de productividad de las reuniones en línea son cada vez más claras y bien comprendidas. Sin embargo, en la mayoría de las salas de reunión, todavía vemos un vacío digital y varios factores lo explican.

Una razón para este supuesto retraso es que los sistemas o métodos de reunión más populares todavía están anclados en esos artefactos en papel y lápices (ver Imagen 2 - Un mundo de materiales (no digitales) para la facilitación de talleres). Esto explica por qué la tecnología de soporte de reuniones digitales todavía crece tan lentamente en el mundo corporativo.

A pesar de la profusión de dispositivos digitales portátiles, al participar en una reunión, la mayoría de los participantes todavía cuentan con anotaciones manuscritas en papel, especialmente cuando es necesario crear esquemas o diagramas. En la mayoría de los casos, los registros de grupo todavía se realizan en flipcharts o caballetes de papel. Aunque a menudo en algunas aulas modernas, la adopción del software de whiteboarding que está presente en las llamadas pizarras interactivas o cuadros blancos interactivos, está empezando en el mundo empresarial.

Siempre que un equipo utiliza un facilitador, la sencillez y la eficacia de las técnicas de papel y lápiz invitan a todos a olvidar el uso de las tecnologías digitales durante el curso de un taller. Excepto en los intervalos, donde regresamos a nuestros dispositivos digitales para consultar el correo electrónico, WhatsApp y otras redes sociales.

Una visión para los procesos colaborativos
En una sociedad del conocimiento compartir es uno de los factores más importantes para aumentar la productividad de una organización. Un arquitecto de la colaboración debe tener una clara percepción del dominio de las personas - *peopleware* - y de sus requisitos para diseñar y gestionar reuniones y procesos colaborativos con el mejor desempeño.

¿Cuál es la contribución fundamental de un arquitecto de la colaboración a ese nivel?

Ella o él es esencialmente un **líder facilitador** que adopta los valores y los principios de la facilitación de grupos para poder obtener la mejor respuesta a la resolución de problemas que forman parte del día a día de las organizaciones que dirigen.

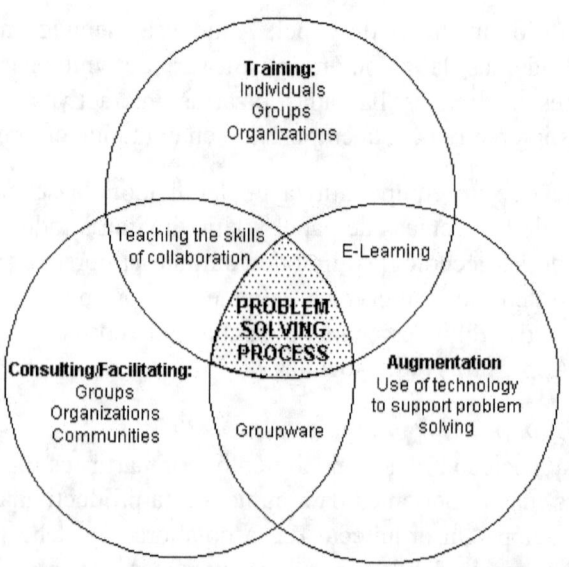

Figura 1 - Una visión sistémica para los procesos colaborativos (Strauss, 2002)

El inicio del siglo XX fue un período de aprendizaje intenso en el ámbito de la gestión de empresas con la emergencia y posterior dominio de los principios del Taylorismo [ix] y de la organización científica del trabajo que lograron enormes ganancias de productividad desde el golpe de la revolución industrial, pero siempre a costa de elevados costos humanos y sociales.

En los años 40 y 50, emergen las primeras escuelas de pensamiento socio técnico que descubren los límites de los métodos científicos para lidiar con la especificidad de la naturaleza humana como fue el caso del Instituto Tavistock[x]. El enorme potencial de inteligencia, creatividad y motivación humana es ampliamente subaprovechado siempre que las personas están confinadas a actuar de forma automatizada y casi robótica en líneas de montaje o en grandes organizaciones burocráticas.

Sistemas duros vs. sistemas blandos
En el caso de la ingeniería es fácil encontrar el mejor algoritmo para realizar la gestión de stocks y optimizar la producción en

una cadena de montaje. Se trata de 'sistemas duros' donde la variabilidad del contexto es 100% controlada. Pero siempre que entra en un entorno cambiantes e imprevisibles, donde entra en juego la elevada complejidad de los sistemas sociales y humanos, donde la propia definición del problema es en sí mismo un problema, entonces necesitamos un nuevo paradigma para la gestión.

👁 Por ejemplo, cómo acabar con el problema de la criminalidad en las grandes ciudades en Brasil? ¿O cómo resolver los flujos migratorios en México o en el Mediterráneo? ¿O en el ámbito empresarial, cómo podemos retener a los clientes que nos abandonan? ¿O cómo podemos reducir costos sin bajar la calidad de la producción de un hospital?

En estos casos estaremos en el dominio de los sistemas blandos o flexibles en los que nunca podrá existir una solución óptima para un problema. En un sistema suave, podremos lograr sólo sucesivas mejoras en una situación-problema, donde la naturaleza del problema es indisociable del contexto que lo origina.

Un nuevo paradigma

Los problemas inherentes a la resolución de problemas complejos debidos a la separación Taylorista entre la planificación y la ejecución y la falta de capacidad de respuesta de las grandes burocracias despertaron la necesidad de un cambio de paradigma.

📚 La *Soft Systems Methodology* (SSM) es un enfoque poderoso para la gestión de la complejidad desarrollada por Peter Checkland y Brian Wilson[xi] y está siendo utilizada hoy principalmente por consultores de TI (tecnologías de la información) como una metodología de primera etapa para proyectos de implementación de TIC. Sin embargo, el alcance de la

> SSM es bastante amplio y muchos usuarios reportan aplicaciones en empresas privadas y, sobre todo, en el área de la salud y en organizaciones sin fines de lucro.
>
> La SSM - *Soft Systems Methodology*[xii] - permite guiar y estructurar un debate para la obtención de consensos a través de la creación de modelos de intervención sistémicos y reductores de complejidad.

Al igual que Peter Checkland con la *Soft Systems Methodology*[xiii] en el Reino Unido, David Strauss realiza una contribución fundamental en este ámbito al reinventar la forma en que los individuos y los grupos pueden resolver los problemas con que se enfrentan las organizaciones y las comunidades a través de la facilitación de procesos colaborativos y de la generación de consenso.

> 🎯 El descubrimiento fundamental del **pensamiento sistémico** [xiv] es que no existe nunca una respuesta óptima a los problemas que involucran a las personas en una organización o comunidad, como si estos pudieran ser solucionados con algún tipo de fórmula matemática, tipo correcto o incorrecto. En cambio, nos ayuda a encontrar sucesivas aproximaciones a una solución que será tanto más eficaz cuanto que sea el consenso alcanzado en el grupo que lo resolver.

La figura 2 abajo, representa, más que mil palabras, este cambio de paradigma en la forma de resolución de problemas en un equipo, a través de la creación de una visión compartida acerca del problema y de la generación de consensos para las acciones a tomar.

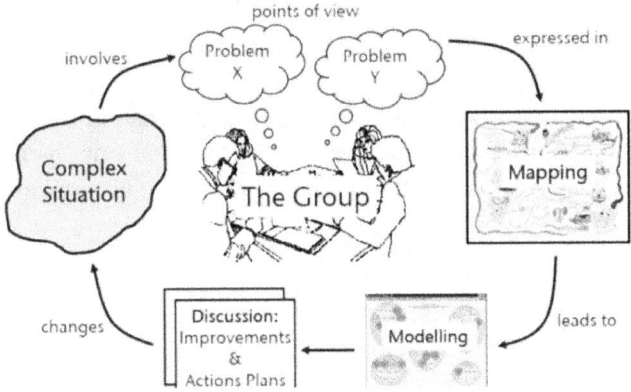

Figura 2 - La importancia de una estructura conceptual compartida en la resolución de un problema

Los modelos conceptuales que podemos utilizar en el mapeo de esta visión de conjunto y para la obtención de consenso en un equipo, pueden ser acelerados gracias a los principios y las técnicas de facilitación de grupos. Es, por eso, que esta profesión está hoy tan en boga.

En el próximo capítulo veremos con más detalle los principios de la facilitación de grupos, en los que consisten y cómo pueden impactar en el seno de un grupo y de una organización.

Un gestor o consultor que adopte estos principios y sea conocedor de estas técnicas se convierte en un líder facilitador, la verdadera esencia de un arquitecto de la colaboración.

◁ *En resumen*

Hoy en día, la mayoría de las empresas exitosas en todo el mundo prosperan gracias a una exitosa colaboración grupal.

El proceso colaborativo para la resolución de cualquier problema, podrá ser dibujado según un conjunto de principios y valores de la facilitación de grupos, que pueden ser aprendidos. A través de la formación en las competencias de facilitación, los gestores podrán aplicar estos principios facilitando la resolución de problemas en grupos, organizaciones o comunidades, para generar el consenso.

Como podemos ver en el último capítulo, la colaboración puede incrementarse con la tecnología *groupware*, cuyas herramientas GDSS (*Group Decision Support Systems*) aumentan la eficacia de las interacciones entre los participantes combinando el valor de la colaboración espontánea con las ventajas de una agenda bien planificada, tanto en reuniones presenciales como virtuales.

Específicamente, la importancia de las interconexiones entre la resolución de problemas en grupo y el uso de la tecnología para aumentar esa colaboración (ver figura 1) es hoy ineludible y debe ser objeto de más atención por parte de los facilitadores y líderes facilitadores en las organizaciones del siglo XXI.

En un mundo cada vez más interconectado y a medida que el trabajo y los procesos de colaboración ocurren cada vez más a distancia, el desafío para liderar y facilitar estos esfuerzos con el apoyo de la tecnología *groupware* se vuelve cada vez más relevante.

II. Líderes facilitadores

↶ Una vez definido un nuevo paradigma sistémico y participativo para la resolución de los problemas organizacionales, veamos ahora:

✓ ~~La revolución digital y un nuevo paradigma para la resolución de los problemas.~~
✓ **¿Qué son y qué hacen los arquitectos de la colaboración?**

Es posible que muchos de los lectores ya se hayan dado cuenta que adoptan comportamientos facilitadores en las reuniones que conducen. Especialmente, en todas aquellas reuniones donde el resultado buscado es que sea el propio grupo a producir las ideas o obtener la solución a un problema, en el cual usted no interviene.

¿Qué hacen los facilitadores?

- Escuchar activamente, preguntar, parafrasear.

- Verificar el entendimiento común de términos y definiciones.

- Sintetizar ideas y ofrecer resúmenes claros.

- Utilizar un lenguaje apropiado, neutro e inclusivo.

Con la práctica podemos ir ganando un aprendizaje muy valioso de nuestro propio modo de lidiar con los grupos. Sin embargo, existen un conjunto de principios y técnicas que nos pueden hacer ganar bastante eficacia en este propósito de extraer el máximo conocimiento compartido de un grupo para ayudarle a alcanzar un objetivo, sea éste la resolución de un problema interno de calidad, una propuesta para la creación de un nuevo producto o servicio o una decisión por consenso de grupo sobre un cambio estratégico en la organización.

Michael Doyle [xv], uno de los padres de la facilitación de grupos, defiende que las competencias esenciales de la facilitación de grupo no son exclusivas y pueden extenderse más allá del papel de facilitadora o facilitador de grupos. Por lo tanto, podemos distinguir:

- Un "**individuo facilitador**": se trata de aquella persona que es competente y conocedor de las aptitudes interpersonales y trabajo en equipo y que hace fácil la relación en el grupo. Ella o él asisten y apoyan a los colegas en la realización de las tareas de grupo.

- Un "**líder facilitador**": se trata de alguien que tiene una posición de poder formal en una organización, pero que es conocedor de los principios de la facilitación de grupos para generar procesos participativos en la organización a partir de la participación de todos los participantes y su máximo compromiso con los resultados. Generalmente emplean a facilitadores de grupo en las organizaciones que dirigen.

- Un "**grupo auto-facilitado**" o autónomo: emerge cuando los principios y las técnicas de la facilitación de grupos están ya totalmente interiorizados por todos los miembros del grupo que las emplean de forma espontánea y auto-organizada. Son grupos cuyos miembros trabajan bien entre sí y que facilitan la inclusión de nuevos miembros y sus interrelaciones con otros grupos.

Los valores de la decisión participada

En cualquiera de estos tres papeles mencionados por Doyle, se comprueba que las competencias requeridas para el éxito de la facilitación están presentes en todos ellos. Estas competencias o habilidades de facilitación se basan en los valores subyacentes a la gestión participada y a la colaboración genuina.

Sam Kaner y sus colegas (2007), proponen 4 valores básicos para la decisión participada que subyacen a todos los procesos de colaboración genuina:

- Plena participación
- Comprensión mutua
- Soluciones inclusivas
- Responsabilidad compartida

En la Tabla 2 - Valores de grupos participativos de Sam Kaner y las competencias de los facilitadores - se describen cuáles son sus características y el impacto en el proceso de toma de decisiones y en las competencias de los facilitadores.

En una palabra, se trata de creer que la participación comprometida de todos para una toma de decisión conjunta en la resolución de un problema es la forma más eficaz de colaboración humana - la participación genuina en un grupo.

Valores	Características	Impacto en el proceso de decisión	Competencia de facilitación
Plena participación	En un grupo participativo se alienta a todos los miembros a participar y expresarse libremente y sin ninguna restricción.	En una reunión convencional la gente tiende a guardar para sí las opiniones divergentes para evitar conflictos que se ven como nefastos.	Los Facilitadores saben honrar al grupo y afirmar su sabiduría y crear un ambiente seguro para que todos puedan expresar sus opiniones.
Comprensión mutua	Todos los miembros del grupo comprenden y aceptan la legitimidad de los puntos de vista unos de otros.	En una reunión convencional algunos miembros buscan convencer a los demás de sus ideas y no se preocupan por oír diferentes perspectivas sobre el problema cuya solución se conoce a priori.	Los Facilitadores son hábiles en evocar la participación y en leer la dinámica subyacente del grupo permitiendo que éste llegue a una comprensión mutua de la tarea del grupo.
Soluciones inclusivas	Las soluciones emanadas de la sabiduría del grupo, no sólo de aquellos que son influyentes y rápidos a articular, sino también por la sabiduría de aquellos que son tímidos y cuya voz es minoritaria. Todos son poseedores de una parte de la verdad.	En una reunión tradicional los participantes rápidamente toman partidos y la decisión alcanzada implica la cesión de unos en relación a otros.	Los Facilitadores son capaces de mantener la objetividad y orquestan la narrativa del evento para liberar los bloqueos del proceso.
Respons. compartida	Los miembros del grupo que se adhieren al proceso reconocen que son ellos y sólo ellos los que tienen la responsabilidad de los resultados alcanzados y que ellos mismos implementarán las decisiones alcanzadas.	En reuniones convencionales los participantes esperan y acatan la decisión del líder que es quien asume la responsabilidad por la conducción de la reunión y la implementación de las decisiones.	Los Facilitadores utilizan el tiempo y el espacio intencionalmente para que el grupo llegue a sus propias decisiones y, si es necesario, adaptando la agenda con la aprobación del grupo.

Tabla 2 - Valores de grupos participativos de Sam Kaner y las competencias de los facilitadores

Líder facilitador vs. facilitadores de grupos
Para comprender las semejanzas entre el líder facilitador y los facilitadores de grupos, es fundamental entender la distinción de dos tipos de procesos colaborativos:

- Los "procesos" o la forma en que interactuamos y debatimos las ideas

- Los "contenidos", es decir, los temas que se abordan en la reunión.

Los facilitadores de grupos son capaces de concentrarse en el proceso de colaboración y establecer los pasos para tomar una decisión independientemente de lo que se está decidiendo.

El empleo de estas técnicas de proceso es necesario para que se produzca la plena participación de todos los miembros del grupo. El facilitador o facilitador de grupo es un "servidor del grupo" que por encargo de su propio líder hará que sea el grupo en su conjunto quien resuelva los problemas y tome las decisiones.

Los facilitadores son también 'guardianes del grupo', en el sentido que lo protegen de cualquier intento de manipulación que pueda ser ejercido por los participantes con mejores dones de oratoria o que por sus conocimientos puedan usurpar el poder del grupo en su propio provecho.

"Quien no asistió ya a reuniones que son verdaderas piezas de teatro, cuya escenificación es tan previsible. Los típicos debates sobre las previsiones de ventas, en que cada comercial busca siempre crear las peores condiciones en el momento en que se tenga que hacer cargo de un determinado objetivo. O las reuniones sobre recortes presupuestarios, en las que quienes dominan la contabilidad presupuestaria logran que los recortes de gastos se centran en otras áreas nunca en las suyas.

Hay siempre innumerables posibilidades de hacer que la voz del grupo en su conjunto no aparezca nunca y que sean sólo algunas voces, las más usuales, que dominan y determinan los resultados de una discusión. En este tipo de reuniones, es frecuente oír al final, comentarios como éste:

> "No sé por qué se convocan estas reuniones, todos estamos aquí perdiendo nuestro tiempo. Siempre los mismos puntos de agenda que se arrastran de las reuniones anteriores, siempre los mismos bloqueos por parte de las personas que tienen el poder sobre los recursos que, si se emplearan de otro modo, podrían hacer toda la diferencia ... "

El trabajo de la facilitación
El verdadero desafío para una reunión de grupo no es simplemente compartir información, la parte crucial es el proceso de toma de decisiones. La esencia del trabajo de la facilitación es precisamente la de crear y mantener las condiciones necesarias para una decisión grupal eficaz.

Pero, como ya hemos visto, este trabajo de facilitación no es exclusivo de los facilitadores. Según Strauss (2002) y otros, podemos distinguir entre 'facilitador' y 'líder facilitador', ambos pueden propiciar los mismos resultados si adoptan el mismo conjunto de principios de actuación que les permiten extraer la máxima eficacia de un grupo al convertir una reunión convencional en una reunión participada y generadora de consenso.

Contrariamente a los facilitadores de grupos, un líder facilitador tiene la autoridad para tomar decisiones para su grupo, mientras sirve como facilitador durante las reuniones o sesiones de planificación. La tabla 3 ilustra estas diferencias.

Características	Facilitador (Procesos)	Líderes Facilitadores (Contenidos)
Estatuto en el grupo	Es un tercero que no pertenece al grupo.	Es el líder formalmente designado del grupo.
Participación en el contenido / problemas del grupo	Sustancialmente neutro.	Profundamente involucrado en las cuestiones.
Habilidades	Especialista en procesos de grupo, puede ser ajeno al contenido de la reunión.	Especialista en el contenido y conocedor de los procesos de grupo.
Autoridad de decisión	No	Sí

Tabla 3 - Diferencias entre facilitadores y líderes facilitadores

Un facilitador de grupos y un líder facilitador utilizan los mismos valores y principios básicos, pero se aplican de maneras diferentes, consistentes con sus papeles. Muchos líderes facilitadores se encuentran en ese papel por el hecho de liderar proyectos que adoptan métodos participativos como es el caso del diseño Thinking o de los principios de la programación ágil asociados al SCRUM.

Estos líderes saben que su éxito depende de la eficacia de un excelente trabajo en equipo y su misión se convierte en lo que se espera de un líder formal cuando gestiona una empresa o una unidad de negocio.

Líderes facilitadores
Los líderes facilitadores son aquellos que reconocen el valor del grupo como mucho más que la suma de las partes que lo componen. Ellos reconocen que para que un grupo pueda funcionar, tendrán que ser garantizadas las condiciones necesarias para que ocurra una participación genuina de todos sus participantes. Esta será la mejor forma de lograr un desempeño extraordinario por parte de un grupo y para que éste se convierta en un equipo de alto rendimiento.

Para que ocurra esa participación genuina, es fundamental que una líder o líder de un grupo o de una organización puedan seguir un conjunto de valores que son compartidos por los facilitadores de grupo (ver Tabla 4).

INFORMACIÓN VÁLIDA	Compartir toda la información relevante con los miembros del grupo.
ELECCIÓN LIBRE E INFORMADA	Aumentar la medida en que los miembros del grupo toman sus propias decisiones sobre su trabajo.
COMPROMISO INTERNO	Los participantes están genuinamente comprometidos con los resultados de la reunión.
PENSANDO SISTÉMICAMENTE	Centrarse en los intereses de todas las partes interesadas al elaborar las soluciones.
REDUCIENDO LA DEPENDENCIA	Ayudar al grupo a abordar las causas fundamentales de un rendimiento ineficaz y aumentar la auto responsabilidad y la adhesión a las decisiones.
CONDICIONES PARA EL APRENDIZAJE	Modelar los valores y creencias que guían los comportamientos efectivos de los participantes y que estos tomen decisiones informadas sobre si aceptarlos o no.

Tabla 4 - Los valores de la facilitación de grupos aplicados al liderazgo facilitador[xvi]

 Valores Fundamentales de la Facilitación

Los principales valores de la facilitación pueden ser adoptados por el líder formal de un grupo que se convierte así en un líder facilitador, capaz de crear una cultura de reunión donde ocurre la participación genuina de todos sus participantes.

Veamos ahora, caso por caso, qué significan cada uno de esos valores.

Información válida y apertura al debate

Los líderes facilitadores comparten toda la información relevante con los miembros del grupo y las razones de sus acciones y declaraciones. Ellos o ellas alientan a los demás a discrepar y en última instancia, todas las cuestiones están abiertas a la discusión.

Pero esta invitación al debate debe ser genuina e incluir la creencia, compartida por todos, en los valores de la facilitación y de la generación del consenso de grupo, como forma última de liderazgo.

Elección libre e informada
Los líderes facilitadores saben que los controles externos generan conformidad, pero que son los controles internos aquellos que logran generar compromiso. En consecuencia, ellos o ellas intentan aumentar la extensión en que los miembros del grupo hacen sus propias elecciones sobre su trabajo.

Compromiso interno
Los participantes asumen como propias las decisiones del grupo aunque las mismas pueden no coincidir con sus preferencias individuales. Este es un resultado neto de los principios de intercambio de información válida y de una elección libre e informada.

Servir a todos los intereses y pensar sistemáticamente
Los líderes facilitadores ayudan a los demás a concentrarse en los intereses de todas las partes implicadas en la decisión. Ellos o ellas entienden que, para ser eficaces, los grupos deben mantener íntegra su capacidad de trabajar juntos. Para ello, es necesario conciliar las necesidades personales de los miembros como las necesidades de la tarea del grupo.

Aumentar la responsabilidad y reducir la dependencia
Los líderes facilitadores buscan hacer por el grupo lo que éste todavía no puede hacer por sí mismo. Ella o él reconocen que la solución está en ayudar al grupo a lidiar con las causas profundas de su comportamiento ineficaz. De este modo, aumentan la capacidad del grupo para saber manejar problemas similares en el futuro. En vez de centrarse en poner el foco en la culpa ellos o ellos buscan entender cómo los problemas surgen y cómo persisten a pesar de los esfuerzos sinceros de muchas personas para resolverlos.

Creando Condiciones para el Aprendizaje
El aprendizaje ocurre cuando los miembros identifican los valores y creencias fundamentales que guían sus comportamientos. El grupo crece cuando entiende cómo ciertos valores y creencias perjudican su eficacia y aprende a actuar

sobre la base de un conjunto de valores y creencias que es más efectivo.

En resumen

El tipo de líder que las organizaciones innovadoras reclaman en el siglo XXI es aquel que trabaja a partir de un conjunto de valores fundamentales coherente con los conceptos de empoderamiento, compromiso, colaboración, aprendizaje y asociación. Este tipo de líder adopta los valores y principios fundamentales que están en la base del papel de facilitador de grupos para convertirse en un líder facilitador.

Líderes facilitadores comparten los valores, principios y reglas básicas de la facilitación con los demás, discuten con el grupo lo que significan y piden retroalimentación como los mismos están siendo usados. Ellas o ellos modelan estos valores para que otros puedan tomar decisiones informadas sobre si pretenden o no adoptar los principios de la facilitación y de las reuniones participadas.

> ◎ Una organización exitosa en los días de hoy, confía y desarrolla las competencias de un liderazgo que posibilita la gestión eficaz del trabajo en equipo y que sepa cómo involucrar a todos los miembros del grupo en la resolución de problemas y toma de decisiones.
>
> La manera más eficaz de lograr este objetivo es a través del entrenamiento en facilitación de grupos. La adopción de los principios y competencias básicas de la facilitación permite transformar las reuniones convencionales para que ocurra una participación genuina y convertir un grupo de trabajo en un equipo de alto desempeño.

III. Los pasos para la colaboración

Una vez definido el papel de los arquitectos de la colaboración como líderes facilitadores que adoptan una visión sistémica para la resolución de los problemas organizacionales, veamos ahora en este capítulo:

- ✓ ~~La revolución digital y un nuevo paradigma para la resolución de los problemas.~~
- ✓ ~~¿Qué son y qué hacen los arquitectos de la colaboración?~~
- ✓ **Cómo diseñar la colaboración.**

Cómo hacer que la colaboración funcione

La empresa *Interaction Associates* (IA)[xvii] es una de las autoridades mundiales en colaboración grupal y organizacional. Desde 1969, esta empresa ha introducido el concepto y la práctica de facilitación de grupos en el mundo de las empresas. A través de su libro seminal - "How to Make Collaboration Work"[xviii] - David Strauss, establece los cinco principios siguientes para diseñar un proceso de colaboración que pueden ser realizados por cualquier gestora o gestor, propietarios de una tarea, sin que éstos sean necesariamente facilitadores de grupos.

En este sentido, se trata de los cinco pasos para diseñar la colaboración definidos por Strauss (2002):

Involucrar a las partes pertinentes.

Construir el consenso fase por fase.

Diseñar un mapa de proceso.

Designar un facilitador de proceso.

 Aprovechar el poder de la memoria de grupo.

Al seguir estos cinco pasos los líderes facilitadores se convierten en arquitectos de la colaboración. Ellos o ellas transfieren el poder que tienen por su liderazgo formal para un grupo de participantes, que son invitados a iniciar un proceso colaborativo que deberá alcanzar un determinado objetivo inclusivo y aceptado por todos.

Involucrar a las partes pertinentes

Se trata de invitar a las partes interesadas (*stakeholders*) a participar en un proceso colaborativo por parte de quienes detienen el poder formal de la gestión y que otorgan a los primeros un determinado grado de autonomía como grupo de trabajo.

Si el proceso de colaboración debe ocurrir entre dos o más partes independientes, será el propietario de la tarea común a ambos, quien asume ese papel y convoca a las partes relevantes.

Por ejemplo, en un caso de dos o más departamentos de la misma empresa, el CEO o el director general será quien invita a ambos departamentos a colaborar para encontrar una solución conjunta a los problemas que previamente identifica.

Pero si la colaboración es entre varias entidades externas involucradas, como en la prevención de incendios en un determinado estado federal, será el propio Gobernador quien convoca y delega en las partes su poder de decisión en la condición que se logre un consenso para la colaboración requerida.

Otro ejemplo, en el caso de la reducción de listas de espera para las consultas de especialidad en una región de salud o en un país, será el coordinador de la región o el ministro o ministra quien convoca a los presidentes de los hospitales y centros de salud que estén en su dependencia funcional.

Por norma, cuando un líder propone la realización de un proceso colaborativo, los participantes contribuirán a la tarea con sus conocimientos, su experiencia y sus perspectivas la reunión o reuniones que conlleve todo el proceso. Según Moliní (2012), el mayor desafío para los participantes es ocupar el espacio de poder que el propietario de la tarea deja vacío después de la apertura de la sesión.

Si queremos que la magia de la participación genuina ocurra, como defiende Moliní, tenemos que esperar y confiar que una masa crítica de participantes ejerza su liderazgo personal, totalmente comprometidos con la tarea.

> "Muchos participantes aprovechan el momento en que la primera persona toma la palabra para hacerlo igualmente, con entusiasmo e ímpetu. Como una manada de pájaros en reposo, después de un primero que levanta vuelo, se sigue, poco a poco, la debandada. La reunión está en marcha y cada participante ejerce su participación total y libremente, sin nada ni nadie a dirigirlo más allá de su espontáneo y genuino interés por la tarea."[xix]

Construir el consenso a través de talleres
La mayoría de las empresas de éxito en todo el mundo prosperan gracias a una exitosa colaboración grupal. Esto es tanto más crítico cuando la organización es todavía joven. ¿Imagínese cuando Exxon, Volkswagen o Boeing fueron *start-ups*[xx]? Sin un equipo exitoso de visionarios intrépidos como fundadores, esas empresas nunca se habrían convertido en lo que son hoy.

Las *start-up* que aprenden a sobrevivir en los ambientes dinámicos asociados a la revolución digital adquieren un tipo diferente de ADN organizacional. Ellas tienden a confiar mucho más en el trabajo de los equipos que en el trabajo cooperativo individual que el Taylorismo nos dejó en herencia, ahora vacante.

En una organización colaborativa, el trabajo a realizar es diseñado y decidido en grupo. Los miembros de un equipo generalmente se reúnen en salas de conferencias o en espacios colaborativos que normalmente tienen la tecnología de soporte para fomentar la creatividad y la resolución de problemas en grupo.

Imagen 3 - Espacios para la colaboración o 'huddle rooms' [xxi]

Hoy en día, los visitantes de estos gigantes empresariales que hacen la tendencia y que sirven de modelo a muchas otras empresas, quedan impresionados con la naturaleza informal de sus espacios colaborativos, dotados con las más avanzadas tecnologías (Imagen 3 - Espacios para la colaboración o 'huddle rooms'). Estas inversiones demuestran bien la importancia que los equipos y el trabajo colaborativo representan para esas organizaciones y, por esa razón, obtienen ese reconocido éxito.

Imagen 4 - "*Huddle rooms*" como tiendas beduinas en la sede de AirBnB[xxii]

Sabemos hoy que estas organizaciones más exitosas confían en un liderazgo facilitador, que permite la gestión eficaz del trabajo en equipo, para superar a sus competidores y conquistar la preferencia del mercado. Su secreto depende de una receta muy antigua descubierta por investigadores sociales en los años 30 con el trabajo seminal de Elton Mayo[xxiii], que por primera vez defiende la importancia del grupo y la necesidad de involucrar a todos los miembros del equipo en la resolución de problemas y toma de decisiones.

La manera más eficaz de conseguir la excelencia colaborativa es utilizar los principios de la facilitación de grupos. La adopción de estos principios permite transformar simples grupos de trabajo en equipos de alto rendimiento a través de reuniones en las que ocurre la participación genuina - la cima de la jerarquía de todas las formas de colaboración.

Grupos vs. equipes de alto rendimiento

"La sabiduría convencional sugiere que la eficacia de un grupo proviene de un liderazgo carismático a través de la cual su jefe define una misión clara que es atendida por subordinados técnicamente competentes. Sin embargo, mucho más está en juego si pretendemos transformar un grupo en un equipo de alto rendimiento para obtener la máxima sinergia y compromiso de sus participantes. La cuestión clave es cómo las partes actúan juntas y eso tiene que ver con la gestión de la participación." Blake, Mouton e Allen, 1987[xxiv]

La transformación de un grupo en un equipo es posible a través de la facilitación de grupos y de un liderazgo facilitador en el que el papel del líder formal desaparece para ser diluido en todo el grupo, que en ese momento pasa a funcionar como un equipo, cohesionado en torno a sus objetivos. (ver Figura 3 - Diferencia entre un grupo y un equipo). Por este motivo, las empresas más innovadoras en casi todos los países del mundo cuentan con los servicios de facilitadores de grupo, que ayudan a los gestores y líderes de grupo en la realización de un formato especial de reuniones - las reuniones participadas o talleres *(workshops)*.[xxv]

Figura 3 - Diferencia entre un grupo y un equipo

Mientras un grupo tiene un líder formal designado, que puede ser el jefe de un departamento o el director de la empresa, en un equipo esa función de liderazgo es compartida de forma natural por los varios miembros que la componen. En diferentes momentos cada uno podrá asumir un papel de liderazgo en las diferentes etapas de realización de una tarea. Contrariamente a un grupo, donde la diferenciación es jerárquica, en un equipo la jerarquía no tiene sentido y las funciones de sus miembros son especializadas y complementarias. El equipo será, por si mismo, una pieza en el organigrama de la organización.

Reuniones convencionales

Cuando varios individuos realizan un propósito colectivo en una empresa, como alcanzar un objetivo agregado de ventas o mantener un cierto nivel de gasto presupuestario, estos pueden ser periódicamente convocados para reuniones convencionales, en las que las decisiones son tomadas por el líder del grupo como persona responsable de la coordinación de las actividades tareas individuales.

Las reuniones convencionales - generalmente designadas por reuniones de coordinación - se caracterizan por objetivos difusos, que raramente alguien se da a la tarea de aclarar, e incluyen varios elementos de la agenda dentro de un cierto período de tiempo. Normalmente, las personas realizan presentaciones y asisten ellas mismas a las presentaciones que informan sobre el progreso de otras personas. Las agendas de las reuniones de coordinación pueden separar los elementos más importantes, asignándoles más tiempo por comparación a los ítems rápidos que pueden ser tratados al principio y dejando al final los asuntos menos relevantes (ver Figura 4 – Diagrama de flujo de tiempo en una reunión convencional).

Meeting Flow			
Introductions			2 min.
Quick items	Major items		Minor items
1. 2. 3.	1. 2.		1. 2. 3. 4.
10 min.		30 min.	16 min.
Wrap up & conclusions			7 min.

Figura 4 – Diagrama de flujo de tiempo en una reunión convencional - Williams, R.B. (2007)

El diagrama de flujo de tiempo es una manera alternativa de planificar una agenda de reuniones. Algunas personas sienten que el tiempo es más importante que el dinero. Al representar una agenda en un flujo de tiempo comunicamos que las metas de la agenda están al alcance durante el tiempo planeado para la reunión. Si el tiempo es bien gestionado en una reunión convencional, el líder recopila información suficiente para tomar decisiones más informadas sobre las acciones de control que cada persona debe tomar.

> 🎯 Las reuniones convencionales pueden ser útiles para que el líder formal de un grupo pueda tomar mejores decisiones, siempre que el grupo ya esté comprometido con la tarea y cuando no haya dudas o divergencias acerca de la mejor solución. Sin embargo, los casos para una toma de decisión autocrática o, incluso, meramente consultiva, son cada vez más raros en las organizaciones de hoy, que se enfrentan a problemas en un contexto cada vez más volátil, incierto complejo y ambiguo[xxvi].

Problemas de las reuniones convencionales
Los problemas surgen cuando se adopta un formato de reunión convencional para decidir o resolver problemas complejos donde prevalece la ambigüedad sobre su propia naturaleza y las posibles soluciones. Por ejemplo, en una organización de servicios será poco productivo utilizar el formato de una reunión convencional para saber cómo mejorar la capacidad de retención de clientes y evitar la cancelación de contratos de mantenimiento. O, en una organización industrial, tratar el problema de la elección y adquisición de una tecnología de producción de componentes versus el recurso al *outsorcing* (tercerización) de fabricación de ese componente. En estos casos, las reuniones convencionales hasta pueden ser convocadas a tal efecto, pero sus resultados dejaran mucho que desear.

En una reunión convencional, por norma, ocurre la falta de clarificación sobre su propósito y no existe una facilitación eficaz de los procesos de debate, lo que hace que los asuntos complejos y sensibles se arrastren de reunión en reunión, por falta de acuerdos y compromisos claros. Al final, el líder terminará tomando él solo una decisión, cuya ejecución puede fallar por la falta de compromiso de las partes involucradas.

👁 Por ejemplo:

> 💭 "Recuerdo vivamente aquellas reuniones de comité ampliado de dirección (CODI), en que los participantes estaban sistemáticamente dispersos consultando a sus celulares y las personas que iniciaban un nuevo punto de la agenda tomaban la palabra sin realizar un encuadramiento que centra a los participantes en el objetivo de la agenda reunión, que era ya de sí poco claro o incluso confuso. Las discusiones eran desconexas y nada relacionadas con el punto que se estaba tratando de seguir en la agenda. Y al final, si por milagro se llegaba a un conjunto de tareas pendientes, nunca existía un acuerdo claro sobre quién hace qué y cuándo..."

Todo esto son indicadores de que estamos ante una reunión convencional que genera un bajo envolvimiento y compromiso por parte de los participantes y la Tabla 5 - Principales síntomas de reuniones convencionales para la resolución de problemas complejos - identifica las causas de este bajo rendimiento.

Problemas en una reunión convencional	Posibles causas
- Discusión desconexa; las personas hablan, pero sin preocuparse de oír unas a otras. - Discusión tardía e inconclusa. - Nuevos temas aparecen de la nada y sin relación con el punto de la agenda. - Los participantes se protegen con respuestas políticamente correctas, pero sin aportar soluciones. - La reunión termina por falta de tiempo. - Ocasionalmente, se crean listas de tareas, pero sin propietarios asignados y acuerdos explícitos sobre los plazos de ejecución. - Después de la reunión sólo los participantes están al corriente de la información compartida. - Nada sucede como se ha previsto o acordado. - Los mismos asuntos vuelven a ser discutidos en reuniones sucesivas sin que se produzcan progresos.	- Confusión sobre el tema. - Desinterés por el tema o aversión a la naturaleza de la discusión. - Sentimientos de inseguridad e inferioridad en sus propias capacidades. - Sentimientos de superioridad para con los demás en la sala o para quien lidera la reunión. - Miedo de ver o oír la reacción de los demás en la sala. - Miedo de tratar con los demás en la sala debido a una mala relación previa. - Miedo de expresar y compartir ideas delante de otras personas, especialmente si un jefe o supervisor está en la sala. - Bajo nivel de confianza en el grupo o en el líder de la reunión. - Una historia pasada de negatividad e incapacidad para la resolución de problemas.

Tabla 5 - Principales síntomas de reuniones convencionales para la resolución de problemas complejos

El eslabón más débil

Si la cultura de una organización es lo suficientemente fuerte, es posible que ofrezca un amortiguador para el impacto que las variables individuales puedan tener en una reunión. Este efecto se produce cuando ya existe en la organización un conjunto de normas sobre administración de tiempo y otras reglas para la productividad del trabajo en grupo.

👁 Véase en el anexo II, el ejemplo de las normas de definición de papeles en una reunión adoptada en una empresa, que obliga a cada organizador de una reunión en esa empresa a definir previamente esos papeles en la convocatoria de la misma.

Sin embargo, el eslabón más débil siempre será la llamada 'cultura de reunión', es decir, el conjunto de reglas y creencias básicas - las normas y los valores de grupo - que son compartidos por los miembros de una reunión y que pueden hacer todo la diferencia en el desempeño de sus participantes.

La cultura de una reunión afecta a los siguientes elementos estructurales:

- Reglas de participación.

- Estilo de confrontación.

- Métodos de decisión.

La Tabla 6 - La cultura dominante en reuniones convencionales vs. reuniones participativas - ilustra estas diferencias.

Como hemos visto anteriormente, Sam Kaner et al. (2007) define un conjunto de valores que conforman las características culturales en las reuniones participadas y que deben servir de guía para los comportamientos y prácticas de los facilitadores en reuniones participadas.

Por contraste, en las reuniones convencionales la ausencia de valores colaborativos en el seno de la organización y en la propia reunión, genera la obtención de resultados mediocres y la insatisfacción de los participantes.

	Reuniones convencionales	Reuniones participadas
Reglas de participación	- Los mejores oradores dominan las intervenciones y los tiempos de la reunión. - Los participantes se interrumpen constantemente. - Diferencias de opinión son vistas como conflictivas y deben ser inhibidas o resueltas. - Las preguntas son desafiantes, como si la persona cuestionada está siendo interrogada. - Sólo los buenos oradores consiguen mantener fija la audiencia, nadie presta atención a los demás cuando éstos intervienen. - Las personas no prestan atención a las ideas de los demás y están más preocupadas por defender su argumentación.	- Todos participan por igual con independencia de sus dones de oratoria. - Los participantes dan espacio para que todos puedan reflexionar y opinar. - Se permiten puntos de vista divergentes. - Los participantes se apoyan mutuamente con preguntas esclarecedoras "¿es esto lo que quieres decir?" - Cada participante hace un esfuerzo para prestar atención y escuchar quién está hablando. - La gente presta atención a las ideas de todos porque saben que las suyas también serán escuchadas.
Confrontación	- Algunos miembros mantienen el silencio en materias controvertidas y nadie sabe las posiciones entre sí. - Los participantes no logran expresar de forma clara las posiciones divergentes y con las que están en desacuerdo. - Porque no se sienten seguros en expresar sus opiniones en la reunión, la gente prefiere hablar en la espalda de los demás. - Los participantes con opiniones divergentes son desalentados para expresarlos.	- Cada miembro expresa libremente su punto de vista en materias controvertidas y todos saben cuáles son las posiciones de los demás. - Todos los participantes saben expresar de forma exacta las posiciones de los demás aunque no las comparten. - Los participantes no hablan en la espalda unos de otros. - Aunque en oposición al líder formal del grupo los participantes son alentados a expresar su desacuerdo.
Decisión	- Un problema se considera resuelto así que los más rápidos encuentran una solución y todos los demás son mal vistos si no entran a bordo. - Cuando se llega a un acuerdo se supone que todos piensan exactamente de la misma manera.	- Un problema no se considera resuelto hasta que todas las personas afectadas por la solución comprendan su razonamiento. - Cuando se sea un acuerdo la decisión final refleja un amplio conjunto de perspectivas y opiniones.

Tabla 6 - La cultura dominante en reuniones convencionales vs. reuniones participativas

Reuniones vs. Talleres

Las reuniones participadas o talleres están diseñadas para superar todos los problemas bien documentados de las reuniones convencionales. Mientras una reunión es dirigida por el líder del equipo en un taller será una figura neutra y que no forma parte del equipo, quien dirige la sesión -una facilitadora o facilitador-

que fue entrenado para diseñar los procesos colaborativos y emplear métodos de creatividad y resolución de problemas en grupo (ver Tabla 7 - Diferencias entre una reunión y un taller).

> Como en un equipo en el que el liderazgo está diluido por todos los miembros, también en un taller-en cuanto proceso que lleva a la participación genuina - todos son líderes. El líder formal, porque tiene que liderar sin ejercer su poder formal confiando en la responsabilidad de los participantes, los participantes, porque ellos asumen un poder de decisión y un nivel de responsabilidad no habitual y, finalmente, el facilitador que lidera un proceso sin saber nada de los contenidos y sin tener ningún tipo de poder formal (Moliní, 2007).

¿Cuál es la diferencia entre una reunión y un taller?
Esencialmente, reside en la calidad de los resultados (*outputs*) del grupo que son obtenidos por la generación de consenso. En un taller, la colaboración se basa en la confianza, la inclusión y la participación constructiva para alcanzar un propósito común e inclusivo. Un líder facilitador no usa la manipulación, la exclusión y el poder sobre los demás para alcanzar sus fines. Las diferencias de poder y status entre los participantes no se destacan y la propiedad del proceso se comparte. La colaboración en grupo puede, en determinadas circunstancias, proporcionar un enfoque poderoso para responder a problemas complejos que los esfuerzos individuales aislados no pueden resolver (ver Tabla 7 - Diferencias entre una reunión y un taller).

Los fabricantes de software aprendieron bien la diferencia entre reuniones y talleres. El movimiento Ágil[xxvii] es una respuesta al fracaso de los paradigmas dominantes de gestión de proyectos de desarrollo de software (incluyendo el modelo en cascada[xxviii]) y utiliza prestados muchos principios de la manufactura *Lean*[xxix]. El SCRUM es un método de programación que es muy similar a un taller. Tiene un conjunto de principios subyacentes del manifiesto Ágil, derivados del concepto de auto-organización, y define un conjunto simple de papeles, responsabilidades y reuniones que son facilitadas por un ScrumMaster[xxx] (que es un elemento neutro en relación al grupo) y que mantiene equipo enfocado en su objetivo.

En una reunión convencional...	En un taller...
- Varias personas con diferentes funciones se convocan a una reunión que comienza con una breve descripción del problema. - No suele existir una descripción del contexto y por qué están reunidos, ni alguien que explique lo que sucederá con las ideas debatidas en la reunión. - Se espera que los participantes aporten ideas en el inmediato, se produce una tormenta de ideas tibia y las conversaciones cruzadas y tangenciales tienden a ser dominantes. - Las agendas tienden a estar repletas de puntos que luego se retrasan por falta de tiempo hasta el momento en que la urgencia requiere una decisión inmediata que es generalmente deficiente o muy poco convincente.	- Cuando se implementan de forma correcta ofrecen una oportunidad para resolver problemas de forma constructiva y las decisiones son aceptadas por todos. - Son sesiones proactivas e incluso divertidas; las personas involucradas se entusiasman y se comprometen con los resultados y su seguimiento. - Mientras una reunión es dirigida por el líder formal del grupo, un taller está liderado por una figura neutral que no forma parte del equipo. - Los procesos colaborativos son diseñados por una persona que está formada y tiene experiencia en la facilitación de grupos.

Tabla 7 - Diferencias entre una reunión y un taller

¿Cuando deberá un líder dejar de convocar una reunión convencional e invitar a sus colaboradores a participar en un taller?

La respuesta se obtiene a partir del trabajo de David Sibbet (fundador de *Grove Consultants*[xxxi]), que nos ofrece el siguiente esquema didáctico (ver Tabla 8 - Cuando realizar un taller).

	Suficiente un líder que ofrece orientación en una **reunión convencional**	Necesaria la colaboración en grupo en un **taller**
Habilidades y conocimiento	- Los miembros del grupo están entrenados para realizar la tarea.	- Nadie sabe como ejecutar la tarea.
Claridad de propósito	- El objetivo y el método para alcanzarlo son claros y bien comprendidos por todos.	- No existe un método o un objetivo bien identificado.
Alineación	- Los miembros del grupo coinciden entre sí y apoyan la decisión.	- Los miembros del grupo expresan dudas y no están de acuerdo unos con los otros.
Motivación	- Los miembros del grupo están motivados y tienen el deseo de realizar la tarea.	- Los miembros del grupo expresan resistencia a la tarea.

Tabla 8 - Cuando realizar un taller

🎯 Cuando un líder opta por la realización de un taller en lugar de una reunión convencional, debe procurar que en el inicio exista una claridad de propósito para la reunión, que los procesos colaborativos que sean propuestos por los facilitadores permitan la alineación y el acuerdo por consenso de las decisiones tomadas y, finalmente, que todo el proceso sea motivador y que los participantes queden comprometidos con la realización de las tareas acordadas.

Las disciplinas pendientes

Los primeros pasos que Strauss (2002) identifica para el diseño de un proceso colaborativo y que ya vimos hasta aquí, seran abordados con más detalle en el segundo volumen de esta serie - Arquitectar la Colaboración: Facilitar Grupos y Liderar por la Facilitación.

Sin embargo, los tres últimos puntos - proyectar un mapa del proceso, nombrar un facilitador y la gestión de la memoria del grupo – son los menos conocidos y empleados por los líderes y gestores de empresas cuando actúan como arquitectos de colaboración.

Veamos, a continuación, de que tratan los dos primeros y en el próximo capítulo, se abordará el último.

Proyectar el proceso colaborativo

En su forma más básica, el mapa de un proceso colaborativo puede tener la forma de una agenda. Un buen "mapa del proceso" será aquel documento que expresa bien los diversos pasos o fases del proceso colaborativo no sólo en la dimensión temporal, sino que sirva también de base para la correcta organización del ambiente y del soporte adecuado a las sesiones, incluyendo la organización del ambiente espacio físico y los medios tecnológicos necesarios para el buen aprovechamiento de la memoria de grupo, como veremos a continuación.

📤 En el penúltimo capítulo se centra en las variables STEPS - *Space, Time, Eventfulness, Product, Style* - que deben ser considerados para diseñar un proceso de colaboración en la forma de una reunión participada o taller.

Diferentes niveles de colaboración

Independientemente del contexto más amplio donde pueda ocurrir, la colaboración siempre requiere un grupo de personas interactuando para realizar algo. La Figura 5 - Modelo jerárquico de los procesos colaborativos - representa estos varios niveles de colaboración, que vamos a abordar a continuación.

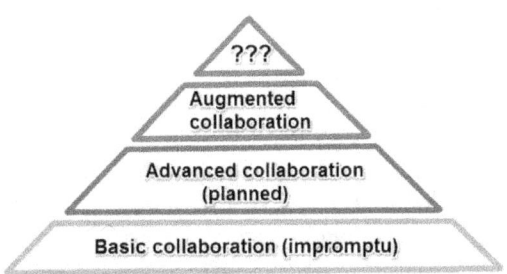

Figura 5 - Modelo jerárquico de los procesos colaborativos

 Colaboración básica

En la base de la pirámide está la colaboración básica o espontánea.

Las formas más básicas y espontáneas de colaboración pueden ocurrir en grandes estadios donde las ondas humanas son a menudo formadas espontáneamente. Si usted ha participado en esa 'onda humana', usted se acordará del sentimiento de realización siempre que experimente una verdadera colaboración espontánea - ¡es increíble!

En una escala más reducida, cuando dos personas toman una pluma y empiezan a dibujar esquemas en una servilleta y conjugar sus ideas para lograr un fin común ocurre la magia de la colaboración espontánea. Generalmente no hay mucha estructura en el proceso, las personas se interrumpen unas a otras ya veces con excitación otras veces con rabia o desesperación. En ese nivel de colaboración, las personas están tratando de llegar a una conclusión conjunta y un compromiso con la acción. El éxito de la colaboración básica depende de muchos factores contextuales, pero el entusiasmo y compromiso de los participantes siempre se garantiza a este nivel.

 Colaboración planificada

En el siguiente nivel, tenemos la colaboración planificada.

En este nivel los procesos de grupo se planifican de acuerdo con una determinada estructura para alcanzar una meta apropiada. Esta estructura se dibuja generalmente en forma de una agenda de reunión, con más o menos nivel de detalle.

> Como ejemplo, podemos ver más abajo la diferencia entre una agenda habitual en una reunión convencional en la que el modo de colaboración es poco planificado (Figura 6 - Agenda de una reunión convencional) y el ejemplo de la agenda más abajo (Figura 7 - Agenda de una reunión con una colaboración planificada).

```
Today's agenda
1. A way to start the meeting.
2. Start with easy items first.
3. Then move to more substantive topics, followed by breaks if meeting lasts for more than a couple of hours.
4. A way to conclude the meeting.
```

Figura 6 - Agenda de una reunión convencional (Kaner, et al. 2007)

Al comparar estas dos agendas, verificamos que en la segunda reunión ocurre un nivel de colaboración más avanzado como resultado de la aplicación de algunas de las competencias básicas de facilitación, cómo las que son definidas por la IAF (ver el Anexo I).

Content	Process	Who	Time
1. Start ups Welcome Introduction of facilitators Definition of roles Ground rules for meeting		Mary Mary Steve Steve	2 min. 1 min. 3 min. 5 min.
2. Problem perception How do I see the problem? Agreement on problem definition Output: Agreed problem statement.	Presentations with no interruptions + questions for clarification only Presentations with no interruptions + questions for clarification only Discuss / Agree	John & team Jane & team Steve	20 minutes 15 minutes
	Break		10 minutes
3. Solution criteria: identify the criteria of what would be an acceptable solution for all	Brainstorm list / clarify Build up criteria / eliminate preferences Check for agreement	Steve	10 min. 10 min. 10 min.
...	...	...	

Figura 7 - Agenda de una reunión con una colaboración planificada (Strauss, 2002)

Como se puede ver en la figura 8, este 'mapa del proceso' evidencia los varios pasos de proceso que se asocian a cada elemento del contenido de la reunión, identificando claramente quién interviene y durante cuánto tiempo.

A medida que usted sube en la jerarquía de los procesos colaborativos, usted será capaz de crear un diseño de un proceso colaborativo más detallado gracias a la intervención de los facilitadores y de los métodos y técnicas de la facilitación que éstos dominan.

La colaboración avanzada o planificada ocurre para intentar superar los obstáculos de falta de estructura y productividad en los procesos de colaboración espontánea como sean, las intervenciones desordenadas y confusas, la falta de una visión unificada de la tarea del grupo, o la ausencia de procedimientos claros de debate.

Sin embargo, al pretender avanzar hacia la colaboración planificada un diseño inadecuado del proceso colaborativo podrá hacer disminuir la satisfacción de los participantes, llevando a una pérdida de la eficacia del grupo ya la insatisfacción de los participantes.

Un ejemplo, el relato de un caso ocurrido en el congreso de la IAF de Oceanía.

"Recuerdo siempre con una mezcla de orgullo y dolor, la sesión que yo (en Madrid) y mi colega Peter Beck (en Washington DC), facilitamos en el congreso de la IAF en Australia en mayo de 2016. Por primera vez en la historia de la IAF se organizó un taller que era parte del programa, pero en el que los dos facilitadores no estábamos presencialmente en el lugar del congreso. Nuestro objetivo era demostrar que con las herramientas de facilitación adecuadas (ver punto siguiente) podríamos efectuar la facilitación de una forma virtual y conseguir un proceso colaborativo avanzado. Sin embargo, todo estaba en contra, el sistema de videoconferencia no funcionó como pretendíamos (es decir, nosotros, como facilitadores, no teníamos información visual de los asistentes al taller, ni de su estado anímico).

Sin embargo, confiamos en que nuestra agenda fuera suficientemente atractiva y que nuestras herramientas de colaboración a distancia pudieran compensar este problema. Al final de la sesión, en que abordamos el uso de "canvas" o pantallas para facilitar procesos colaborativos, los comentarios de las personas fueron demoledores.

"No me siento nada comprometido con esta tarea", comentó Martin Farrell, uno de los participantes en Melbourne. Fue evidente para nosotros al final que la falta de satisfacción de los participantes con el proceso, tuvo un impacto negativo en los resultados que pretendíamos alcanzar - la validación de la facilitación a distancia como una alternativa viable a la facilitación presencial."

Al revisar la sesión, en el *debriefing* del evento, nos hemos dado cuenta que si hubiéramos hecho un cambio radical en nuestra agenda poco que era poco relevante para los participantes y pudiéramos utilizar nuestras herramientas de colaboración a distancia para hacer una sesión más espontánea que incidiera sobre la propia conferencia de la IAF y abordar cuestiones relacionadas con las expectativas de los participantes, con toda certeza que los resultados serían otros.

 Colaboración aumentada

La colaboración aumentada, es el siguiente paso hacia la cima y puede impactar tanto las formas de colaboración espontáneas como las planificadas.

 Vamos a verla con más detalle en el último capítulo de este libro.

Colaboración genuina

La colaboración genuina está en la cima de la jerarquía de la colaboración.

Eugenio Molini (2012), defiende que los procesos de participación genuina son aquellos en los que el grupo logra la máxima eficacia en su funcionamiento y tienen un impacto significativo en la realización de la tarea.

Sin embargo, estos procesos colaborativos de máximo rendimiento, pueden ser vistos como el caso excepcional en la cima de una jerarquía de diferentes formas de colaboración. Este modelo jerárquico de la colaboración puede ser representado por la Figura 5 - Modelo jerárquico de los procesos colaborativos - donde los niveles más altos dominan los niveles más bajos en lo que se refiere a la eficacia de la colaboración. Pero, por esa razón, son también aquellos que ocurren menos espontáneamente y que requieren un más arduo trabajo de preparación y facilitación.

Nombrar un facilitador para el proceso

La necesidad de designar una figura neutra que administre el poder de la memoria del grupo en reuniones es tan o más importante para una colaboración exitosa como todo el esfuerzo involucrado en los pasos anteriores.

De poco sirve involucrar a las partes interesadas y programar el consenso paso a paso entre todos si después el proceso no es conducido por alguien externo al grupo que pueda ejercer un liderazgo facilitador y que sepa cómo gestionar la memoria del grupo. La Figura 8 - Articulación entre líder y facilitadores en los 5 pasos para la colaboración – pone bien en evidencia el punto de convergencia entre estos dos papeles y cómo la proyección de un mapa del proceso es fundamental para realizar con éxito ese pasaje de testimonio entre el diseño y concepción del proceso colaborativo y su posterior ejecución.

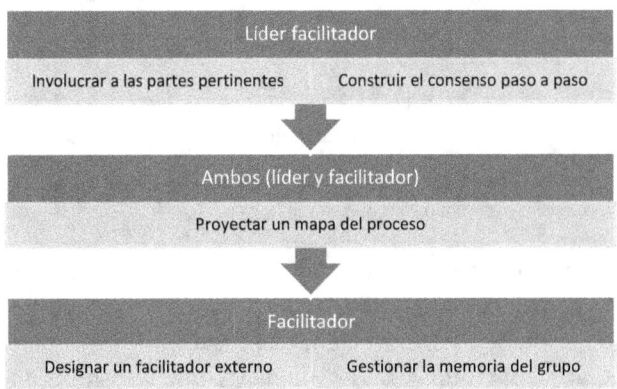

Figura 8 - Articulación entre líder y facilitadores en los 5 pasos para la colaboración

Diseñar el proceso de colaboración

Las competencias-base de la **IAF - Asociación Internacional de Facilitadores** (véase el Anexo I) definen claramente los pasos que deben seguirse para lograr la plena articulación entre un líder facilitador y la persona o personas designadas para ejercer el papel de facilitador de grupo, y que se presentan a continuación:

A. CREA RELACIONES COLABORATIVAS CON EL CLIENTE

A1) Desarrolla alianzas de trabajo.

- Clarifica los compromisos mutuos.

- Desarrolla consenso para las tareas, entregables, funciones y responsabilidades.

- Demuestra valores y procesos colaborativos tales como la co-facilitación.

A2) Diseña y personaliza las intervenciones para satisfacer las necesidades del cliente.

- Analiza el contexto organizacional.

- Diagnostica las necesidades del cliente.

- Crea propuestas de diseño adecuadas para obtener los resultados deseados.

- Predetermina con el cliente un producto o servicio de calidad y sus resultados.

A3) Gestiona con efectividad eventos con múltiples sesiones.

- Acuerda con el cliente el alcance y los resultados.

- Desarrolla un plan del evento.

- Realiza el evento con éxito.

- Evalúa / valora la satisfacción del cliente en todas las etapas del evento o proyecto.

En esta primera etapa, el líder o propietario de la tarea ofrece un marco claro de la situación, lo que sucede hoy y cómo se ha llegado hasta aquí. Por otro lado, ella o él definen qué personas a involucrar y por qué, cuál es el papel que desempeñan en el proceso y cuáles son los recursos que controlan para la resolución del problema.

Después de la lectura del volumen 2 de esta serie - Facilitar Grupos y Liderar por la Facilitación – los líderes facilitadores podrán ellos mismos ser capaces de identificar sus necesidades y proyectar un mapa del proceso colaborativo que será luego presentado y negociado con los facilitadores externos que se designan para ejecutarlo (A1).

Sin embargo, al designar a un facilitador externo, un líder facilitador podrá también disfrutar de la experiencia de estos profesionales que poseen un conjunto de competencias y están preparados para presentarle un mapa del proceso del colaborativo, que incluye los diferentes pasos necesarios para la obtención de consenso en un grupo (B1 y B2 más abajo).

Un aspecto importante, es el desarrollo de una asociación de trabajo (A1) en la que quede clara la separación de responsabilidades entre el líder formal del grupo y el facilitador externo. La tabla 9, ayuda a aclarar este reparto de responsabilidad:

Facilitador externo al grupo	Líder o responsable de la tarea
Explica la importancia de reservar tiempo para preparar la agenda del taller.	Decide cuánto tiempo invertir en la planificación de la agenda.
Pide al líder para identificar una lista con todos los posibles temas.	Identifica los posibles temas y decide qué quiere incluir en el taller.
Pide al líder para identificar un objetivo a alcanzar para cada asunto.	Clarifica el objetivo global para cada tema.
Alienta al líder a definir los objetivos de la reunión para cada tema.	Establece los objetivos de la reunión para cada tema en la agenda.
Sugiere actividades prácticas para realizar durante cada segmento de la reunión.	Considera las opciones y toma las decisiones acerca del diseño de proceso para cada segmento de la reunión.
Prepara un esbozo de la agenda con estimaciones de tiempos para cada segmento.	Realiza las revisiones necesarias y valida una agenda final que se divulga a los participantes.
Da la bienvenida a los participantes y pasa la palabra al líder o responsable de la tarea.	Presenta la agenda del taller y explica los objetivos para cada ítem.

Tabla 9 – Papeles de facilitador y líder en la planificación de la agenda de un taller (Kaner, 2007)

Definir un producto de calidad

La asociación entre el líder o el propietario de la tarea - como cliente - y el facilitador quedará clarificada con la definición de un producto de calidad cuyos resultados a alcanzar estén claramente definidos (A2).

Dependiendo de sus conocimientos teóricos de facilitación de grupos, los líderes facilitadores también podrán proponer diferentes formas de organizar los procesos de grupo.

La siguiente competencia de la IAF, elabora los diferentes aspectos a observar:

B. ORGANIZAR PROCEDIMIENTOS DE GRUPO

B1) Seleccionar métodos y procesos claros que ...

- Estimulan la participación abierta, respetando la cultura del cliente, las normas y la diversidad de los participantes.

- Promueven la participación de todos los estilos de pensamiento y estilos de aprendizaje diferentes.

- Consigan un resultado - producto o servicio - de alta calidad, que satisfaga las necesidades del cliente.

B2) Organizar los recursos - tiempo y espacio - para las actividades del grupo.

- Identifica y organiza el espacio físico, en línea con el propósito de la sesión.

- Organiza el tiempo con eficacia.

- Fomenta el ambiente adecuado y de soporte a las sesiones.

 En resumen

La colaboración requiere la coordinación intencional de la actividad humana en grupo, en la que exista un entendimiento compartido de los objetivos y la predisposición de todos los participantes para alcanzarlos. Es la resolución conjunta de problemas y la toma de decisiones consensuadas en reuniones eficaces que pueden hacer una colaboración verdaderamente exitosa.

En su forma más básica, el mapa de un proceso colaborativo podrá adoptar la forma de una simple agenda. A medida que subimos en la jerarquía de la colaboración, podemos utilizar formas más sofisticadas de representar el proceso de colaboración.

Las formas más planificadas de colaboración aumentan la probabilidad de obtener un resultado superior al que generalmente se obtiene con una colaboración espontánea. Sin embargo, la pérdida de entusiasmo y compromiso con la tarea puede afectar la satisfacción de los participantes a medida que nos alejamos de la espontaneidad de las formas de colaboración básica que son siempre más comprometidas. Si adoptamos el punto de vista de la máxima eficacia y eficiencia colaborativa, los procesos donde ocurre la colaboración genuina deberán ser siempre el objetivo a alcanzar por parte de cualquier líder facilitador.

IV. La gestión de la memoria del grupo

↶ Después de definir el papel de los arquitectos de la colaboración, el contexto en que operan y lo que hacen, veremos aquí una parte importante del cómo, es decir, un conjunto de recomendaciones prácticas acerca de la gestión de la memoria del grupo que ocurre durante una reunión participada o en un taller.

Un cuidadoso registro de todos los pasos llevados a cabo por el grupo en la búsqueda de la solución a un problema o para la generación de consenso es un paso crítico para la eficacia de la facilitación.

Durante una reunión, que se construye como un proceso colaborativo, los apuntes de las ideas y los registros de las decisiones del grupo son un elemento determinante para el éxito de todo el proceso colaborativo y que a menudo se pasa por alto.

- ✓ ~~La revolución digital y un nuevo paradigma para la resolución de los problemas.~~
- ✓ ~~¿Qué son y qué hacen los arquitectos de la colaboración?~~
- ✓ ~~Cómo diseñar la colaboración.~~
- ✓ **Los registros de grupo como una pieza clave para facilitar la colaboración.**

Creando un sentido de participación
En el contexto de la resolución de problemas, las reuniones se organizan para resolver un problema colectivo en el que participan diversos actores de los que depende, en última instancia, el éxito de la solución adoptada.

La participación activa en una reunión, que aprovecha la máxima creatividad y sinergia de un grupo, es un elemento crítico para que ocurra la genuina colaboración en grupo, generadora de las mejores soluciones.

Podemos, pues, afirmar que la calidad de una reunión es un reflejo de la capacidad colaborativa de una organización. Las organizaciones donde predominan los valores de las reuniones participadas y colaborativas por oposición a las reuniones convencionales y autocráticas, tendrán a la salida más probabilidades de éxito.

Tres fases básicas universales
La mayoría de nosotros ya estuvo en reuniones antes y en las que no nos interesaba estar, sea por la naturaleza del asunto, o por el modo como los trabajos se desarrollaban. Imagínese que esa misma sensación puede ocurrir para algunos de los participantes en las reuniones que usted dirige.

> Es importante iniciar una reunión logrando la plena atención de todos sus participantes.
>
> Así, por lo menos, toda reunión debe comenzar haciendo que el grupo realmente esté "presente" y enfocado en la discusión antes de que ésta se pueda iniciar.
>
> Y cuando el trabajo finalice, la reunión debe terminar y dejar claro exactamente lo que debe suceder a continuación.

Estas tres fases - identificar la tarea, realizar la tarea, completar la tarea - deberían ser comunes a todas las reuniones, pero ocurrir con más vigor en el caso de un taller.

Para crear un sentido de participación podremos reestructurar una reunión a partir de la respuesta a un conjunto de cuestiones que ayudan a diseñar los procesos colaborativos, con independencia de los contenidos que se abordan (ver tabla 10).

Estructura de la reunión	Reunión convencional	Reunión participada	Taller
¿Cómo se van a presentar las personas?	Por regla general no existe una ronda de presentaciones, el líder toma la palabra y da la palabra a quien quiere compartir información.	Para centrar a los participantes, se inicia una ronda de presentaciones, pidiendo a cada uno que diga por qué se encuentra allí y qué espera de la reunión.	Se utilizan diversas técnicas de *check-in* y presentación de los participantes, ice-breakers, etc.
¿Cómo se van a organizar los temas?	Hay una agenda de asuntos pendientes que se arrastran de la reunión anterior y que se abordan según la urgencia de los mismos.	El líder realiza una ronda en la que solicita a cada participante que identifique el tema más importante y por qué, al final de la cual recompone la agenda.	El líder presenta una agenda realista previamente diseñada con la ayuda de un facilitador externo.
¿Cómo se va a liderar la discusión?	No existe un debate, las intervenciones se suceden, pero los participantes no se preocupan en escuchar a los demás.	El líder podrá alertar sobre la importancia de escuchar todas las opiniones, respectando las divergencias, y a través de una ronda, llevar a todos los participantes a pronunciarse.	Se clarifican las reglas básicas para la interacción y se utilizan diferentes métodos de interacción que varían entre diferentes tipos de grupos, en pares y reflexión individual.
¿Cómo tomará el grupo decisiones?	Las decisiones se toman de forma tácita, sin que nadie realmente tenga claras las posiciones de los demás.	El grupo conoce claramente las posiciones de cada participante, el líder se reserva el derecho de tomar la decisión, tal como anunció al principio. El líder establece directrices para el seguimiento de los puntos de la agenda.	El facilitador propone e implementa un método para lograr el consenso del grupo; el líder sólo interviene cuando no hay consenso. Las decisiones están vinculadas a los intereses de los miembros del grupo y todos están comprometidos con las mismas.
¿Cómo se van a capturar los resultados?	Cuando se realiza un acta de la reunión ésta se realiza a posteriori y con poca exactitud.	Hay una persona designada para efectuar los principales registros de la reunión que se leen al final de cada punto y antes de pasar al siguiente punto.	Los registros de la reunión se realizan de forma metódica, en algunos casos se puede utilizar software para talleres (GDSS o GSS)[xxxii]

Tabla 10 - Criando un sentido de participación en una reunión

> En las reuniones de resolución de problemas o talleres en los que normalmente es necesario un proceso de toma de decisiones en grupo, es muy importante que ocurra una participación efectiva y genuina de todas las partes interesadas.

Para que un grupo llegue a un acuerdo sostenible, los miembros necesitan entender y aceptar la legitimidad de las necesidades y objetivos unos de otros.[xxxiii]

Legitimidad de todos los puntos de vista

Para que ocurra la aceptación de la legitimidad de todos los puntos de vista en un grupo es importante que una reunión pueda ser participada por todos, de tal manera que se cumplan tres criterios, según Elise Keith, cofundadora de la firma *Lucid Meetings* [xxxiv]:

> **1. Envolver el grupo**. Para ello hay que ir más allá de una simple presentación del tema, y dar un encuadramiento sobre su importancia, explicar por qué cada miembro deberá contribuir de forma responsable, lo que se espera que suceda (toma de decisión o recomendación para la acción) y lo que es se producirá después (como se van a usar los resultados de la reunión y cuál va a ser su seguimiento).
>
> **2. Co-crear**. No basta con hacer el trabajo y apretar el reloj - trabaje en conjunto para crear algo nuevo entre todos. Combine ideas y percepciones individuales para crear una perspectiva compartida que sea más completa, más ambiciosa y más de lo que cualquier otra persona podría hacer por su cuenta.
>
> **3. Compromiso.** No sólo recite una lista de resultados, comprométase a actuar sobre los acuerdos celebrados en la reunión. Toda acción tiene un propietario y todo propietario se compromete a ver esa acción realizada..

 *En resumen*

Las reuniones que terminan con una nueva perspectiva compartida y fuertes compromisos para actuar sobre la base de este resultado, mediante la aceptación de la legitimidad de todos los puntos de vista, no son una pérdida de tiempo.

Los problemas de la memoria de grupo

David Strauss (2002), identifica 9 problemas que pueden evitarse gracias a una correcta gestión de la memoria de grupo en una reunión:

1. Repetición y girar la rueda

2. Falta de igualdad

3. Asociar ideas con personas

4. Pérdida de enfoque

5. Limitaciones de la palabra escrita

6. Sobrecarga de información

7. Perturbación por retrasos

8. Acuerdos vagos

9. Fallo de memoria

Veamos con más detalle cada uno de ellos.

1. Repetición y girar la rueda

En una reunión convencional es frecuente que los participantes no se sienten oídos y vuelven a repetir sin cesar sus ideas, aunque las mismas ya hayan sido expresadas anteriormente. Es frecuente el comentario, "vuelvo a mi idea ...". Este efecto es ampliado por otros participantes que hacen lo mismo y se instala una sensación de 'girar la rueda', donde no se producen avances, sólo repetición de las mismas ideas.

Al registrar todas las ideas presentadas por los participantes en la memoria del grupo, las mismas quedan visibles para todos y el debate podrá avanzar de forma más sistemática.

> En el caso en que algún participante vuelva a expresar una idea ya mencionada usted podrá decir:

"Pero esta idea ya está registrada aquí (apuntar), es alguna aclaración o hay algo más que quieras añadir?"

2. Falta de igualdad

Anotar por las mismas palabras lo que cada participante expresa al grupo, confiere una igualdad de condiciones de participación y da respuesta a las cuestiones de diversidad, nivelando todas las voces en el grupo en un mismo plano.

En estos términos, el registro de la memoria de grupo debe ser hecho sin ningún juicio o filtro preconcebido por parte de quien hace los registros. Si hay alguien en el papel de relator del grupo (*group recorder*), ella o él deben ser instruidos para no realizar cualquier tipo de selección sobre lo que debe o no ser registrado.

Una técnica poderosa consiste en pedir a cada participante que escriba por sus propias palabras lo que quiere compartir en una hoja de papel (bloc de notas) y fijar todas las ideas producidas en la pared o en el suelo frente al semicírculo de sillas quedando bien visibles para todo el grupo.

Igualmente, en el caso de la colaboración aumentada con un software GDSS[xxxv], las ideas de todos los participantes se registran automáticamente y son visibles para todos, igualando así los niveles de participación en el grupo.

Ver también en el capítulo final - Apoyo de la tecnología.

Sabemos que en reuniones convencionales la voz de ciertos participantes es silenciada por las intervenciones de aquellas o de aquellos que tienen mejores dones de oratoria, mayores conocimientos específicos o mayor posición social u organizacional para poder opinar con más intensidad. La memoria de grupo es una importante ayuda para contrarrestar estos desequilibrios y fomentar la participación genuina.

3. Asociar ideas con las personas

Es sabido que las emociones perturban muchas veces la racionalidad de las elecciones. Si asociamos una idea a una persona con quien estamos en conflicto lo más probable es que acabamos por preferir las ideas de otros, independientemente de su mérito. Esto es lo que ocurre en reuniones convencionales donde las ideas propuestas se asocian a las personas y como tales, contaminadas por prejuicios y juicios apriorísticos asociados.

Al realizar un registro de todas las ideas en un espacio común que sirve de memoria de grupo, ocurre la despersonalización de las ideas individuales y emerge la percepción de un registro de grupo. Las ideas allí registradas son vistas como del grupo y no de una persona en concreto. Cada contribución individual se diluirá en el registro del grupo que tiende a ser visto como la propiedad de todos.

4. Pérdida de enfoque

Es frecuente, en una reunión convencional, que el grupo se distraiga y pierda el foco de la discusión. Nuevas ideas tangenciales al tema son constantemente aportadas y generan más debates paralelos y aún mayor pérdida de foco. El registro de memoria de grupo ayuda a mantener el foco de discusión en el punto de debate.

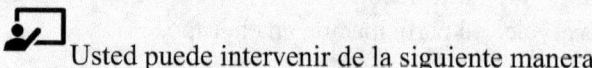Usted puede intervenir de la siguiente manera:

> "vamos a seguir aclarando este ítem antes de pasar a los siguientes, he registrado todas las ideas nuevas, pero propongo que el grupo mantenga ahora el foco en esta idea y luego pasamos a las siguientes, están de acuerdo?"

5. Limitaciones de la palabra escrita

En ciertas reuniones convencionales, observamos la existencia de un participante al que asignan la tarea de registrar por palabras todas las diversas intervenciones en la reunión, con el fin de compartir después como acta de la misma. Sin embargo, este tipo de registro secuencial se limita a las palabras.

Muchas veces las ideas expresadas en el grupo pueden ser mejor representadas a través de tablas, diagramas, y esquemas con flechas que conectan diversas ideas relacionadas entre sí.

En un registro de memoria de grupo, los participantes pueden realizar todo tipo de anotaciones en páginas en blanco que luego se pueden fijar en la pared frente al semicírculo de sillas o, con recurso a groupware digital, se pueden escribir en varias páginas virtuales de una pantalla interactiva y ser consultados en todo momento por los participantes a través de sus dispositivos digitales.

Ver también en el capítulo final - Apoyo de la tecnología.

6. *Sobrecarga de información*

Los registros de memoria de grupo son esenciales en las reuniones donde hay un proceso de varias etapas y que utilizan diferentes heurísticas en las que las notas gráficas son imprescindibles.

La mayoría de los métodos de resolución de problemas que se realizan en los talleres consisten de varios pasos y diferentes etapas.

Por ejemplo, empezar con una lluvia de ideas, luego, aclarar cada idea, antes de pasar a una segunda fase, donde se reagrupan todas esas ideas de acuerdo con ciertas categorías semánticas que, en una tercera fase, serán ordenadas de acuerdo con las prioridades decididas por el grupo.

Sería imposible pedir a los participantes que memoricen toda esta información en sus cabezas y la realización de anotaciones particulares puede llevar a la pérdida de información y a importantes fallas de comunicación.

Además del tradicional uso de hojas de papel en gran formato, existen hoy en día una variedad de software de ideación que responden a estas necesidades. Los programas iObeya, Nureva, o Yellow, pueden traer beneficios de eficiencia a este tipo de procesos[xxxvi].

▶ Ver también en el capítulo final - Apoyo de la tecnología.

7. Perturbación de los retrasos

Se produce habitualmente en cualquier tipo de reunión la llegada tardía de algún participante que puede generar un problema extra a los facilitadores por la eventual pérdida de información sobre los asuntos ya tratados hasta el momento.

Con el registro de la memoria de grupo, es más fácil para cualquier participante que llegue tarde poder observar las anotaciones y los esquemas y poder comprender el historial del proceso y conocer el actual foco de discusión. Además, el participante puede utilizar los registros de memoria de grupo para preguntar a los facilitadores, en el intervalo, acerca de alguna duda que pueda subsistir.

8. Acuerdos vagos e mal comprendidos

En reuniones convencionales es habitual que una vez terminada la reunión cada uno tenga una diferente percepción de los acuerdos alcanzados y de las tareas pendientes. Cada persona piensa que comprendió perfectamente lo que se decidió hasta regresar a la siguiente reunión y observar esas graves divergencias.

Un registro de la memoria de grupo es realmente eficaz para solucionar este tipo de problemas y ayudar a clarificar los acuerdos y decisiones tomadas por el grupo. Por ejemplo, al efectuar una lista de tareas con los responsables asignados en que los propios se comprometen ante el grupo con una fecha límite para la realización de las mismas, se obtiene una mayor claridad sobre los compromisos alcanzados.

9. Error de memoria

En procesos colaborativos muy largos y con reuniones muy extensas en las que los participantes pudieron haber tenido participaciones activas intermitentes, las fallas de memoria sobre los contenidos y las decisiones alcanzadas pueden ser hasta normales. Un participante puede tener presente ciertos aspectos de la información producida, pero ignorar mucha otra información igualmente relevante.

La adopción de ciertos programas como *Powernoodle*[xxxvii] o *Lucid Meetings* [xxxviii] pueden ser útiles para crear una organización en el aparente desorden de un proceso colaborativo que incluya varios eventos dilatados en el tiempo.

▶ Ver también en el capítulo final - Apoyo de la tecnología.

✈ *En resumen*

Los registros de memoria de grupo son útiles para crear un registro permanente de todo el proceso de colaboración.

Hoy en día, gracias a la profusión de *smartphones* y de los servicios de archivos compartidos en la nube, es posible guardar digitalmente un registro completo de toda la memoria de grupo de múltiples reuniones relacionadas entre sí, los pasos que se han dado, las conclusiones obtenidas y los acuerdos alcanzados.

Estas anotaciones pueden ser convertidas después en actas y ser objeto de tratamientos más profundos y que involucran la creación de infografías para difusión y proyección digital a una audiencia más amplia. Todo esto se hará con exactitud si se realiza un cuidadoso registro de la memoria de grupo en cada momento de la reunión facilitada.

▶ En el capítulo final, abordaré con más detalle los diferentes tipos de tecnologías para apoyar la colaboración - los 3 tipos de groupware (físicos, digitales y conceptuales) - y cómo pueden potenciar la acción de facilitar grupos. Igualmente, en el siguiente capítulo, vamos a ver cómo la variable 'producto' del acrónimo STEPS, amplía los consejos prácticos aquí referidos sobre el registro de la producción del grupo.

V. Otros aspectos a considerar: STEPS

↶ Como hemos visto en el capítulo III, de los cinco pasos para la colaboración identificados por Strauss (2002), 'proyectar un mapa para el proceso' es el elemento de bisagra entre el líder facilitador y el facilitador de grupos, que es designado por el primero.

Sin embargo, la arquitectura de la colaboración implica también decidir sobre los aspectos prácticos asociados al diseño de reuniones ya mencionados en el capítulo anterior y que vamos a consolidar aquí, en la pre-conclusión de este libro.

En el capítulo anterior, abordamos uno de los 'cómo hacer' de la arquitectura de la colaboración - la gestión de los registros de grupo. Es ahora útil conocer los demás aspectos prácticos en la producción de un proceso colaborativo, que se materializa en una reunión participada o en un taller.

- ✓ ~~La revolución digital y un nuevo paradigma para la resolución de los problemas.~~
- ✓ ~~¿Qué son y qué hacen los arquitectos de la colaboración?~~
- ✓ ~~Cómo diseñar la colaboración.~~
- ✓ ~~Los registros de grupo como una pieza clave para facilitar la colaboración.~~
- ✓ **Los cinco aspectos a considerar en la producción de la colaboración.**

El poder de síntesis de un acrónimo
Este acrónimo STEPS - Space, Time, Eventfulness, Product, Style - está asociado a la literatura sobre ToP (Technology of Participation).

Como se verá en el volumen 2 de esta serie - Facilitar Grupos y Liderar por la Facilitación - un taller con el método ToP proporciona un excelente nivel de entrada para que una organización pueda 'descongelar' la cultura dominante en sus reuniones convencionales y entrar en el cambio de paradigma de las reuniones participadas y de la generación de consenso.

Espacio	Tiempo	Vivencia
- Ubicación - Tema de la decoración - Audiovisuales - Mapa de asientos	- Programación - Formato de la sesión - Ritmo y pausas	- Cambios de flujo - Celebración - Humor - Música - Premios
Estilo - Preparación - Honrar la diversidad - Lenguaje corporal - Equilibrio - Mantener el rumbo	**STEPS**	**Producto** - Cuadros y diagramas - Propuestas - Documentos - Próximos pasos

Tabla 11 – Variables a considerar para diseñar un proceso colaborativo en un taller (Spencer 1989)

La Tabla 11 – Variables a considerar para diseñar un proceso colaborativo – resume las 5 variables a tener en cuenta para apoyar la decisión de realizar un taller. Estas variables ayudan a sistematizar su planificación, creando un mapa o agenda para el mismo, no sólo con la definición de los contenidos, los procesos y los tiempos, sino con todos aquellos aspectos que definen un producto o servicio de calidad.

1. Espacio

Esta es una de las variables menos controlada por los facilitadores de talleres en el ámbito organizacional interno, por oposición al máximo cuidado que los arquitectos de grandes eventos colocan en sus reuniones y congresos.

Sin embargo, existen innumerables evidencias científicas para el impacto de las múltiples variables espaciales en el desempeño de un grupo.

◉ En el ministerio de transportes y gestión del agua del gobierno de los Países Bajos[xxxix] hay un centro de futuro - *LEF Future Center* - que funciona como un verdadero *living lab*[xl] sobre el impacto de las variables del espacio en la facilitación de grupos.

> "He podido experimentar varias veces el uso poderoso que este centro hace de la manipulación del espacio en la facilitación de grupos. Las condiciones tecnológicas del LEF son absolutamente fabulosas, pues a través de un sofisticado sistema de video-proyección, cualquier sala de reuniones se puede convertir sucesivamente en una selva tropical, o en un amplio desierto y volver a ser el último piso de un rascacielos en New York. Manipulando las imágenes proyectadas en las paredes blancas y el audio de la sala, somos llevados a cruzar océanos en cuestión de segundos.
>
> Está claro que los grupos de ejecutivos que llegan al LEF para un taller de reflexión estratégica, están sometidos a una variedad de experiencias sensoriales relacionadas con el espacio.
>
> Imaginen el impacto que es para un grupo en el que todos los participantes son invitados a quitarse los zapatos y acostarse cómodamente instalados en un sillón en una habitación completamente a las oscuras mirar hacia un cielo estrellado que está proyectado en el techo donde los facilitadores nos piden abandonar nuestras preocupaciones y pensar en lo que es nuestra máxima aspiración en la vida? Ver Imagen 5 – Aspecto de una sala de reuniones en el LEF

El ejemplo extremo del LEF, en el empleo de la variable espacio en facilitación, es difícil de replicar en cualquier otra parte, pero es útil para alertar sobre la importancia de seleccionar un lugar de reunión apropiado para nuestros objetivos.

No será de todo creíble convocar a un grupo para reflexionar sobre el futuro estratégico de una organización y que esa reunión importante se desarrolle en un espacio improvisado en el vestíbulo de la entrada de la empresa o en un almacén. Versus, la misma ocurrir en un espacio idílico, como el caso de un hotel o centro de convenciones, donde la decoración de la sala y sus comodidades comunican por sí mismos la importancia conferida al evento.

Imagen 5 – Aspecto de una sala de reuniones en el LEF

Desde la elección del lugar de la reunión, pasando por la decoración de sala, hasta la elección de los equipos de soporte, audiovisuales, flipchart o pantalla interactiva hasta el modo en que los participantes estarán sentados en la reunión, existen innumerables maneras de hacer con que el espacio trabaje para nosotros.

"En el último taller que facilité en la ciudad de Oporto, mi preocupación fue poder llegar con la máxima anticipación posible al lugar, precisamente para ver qué tipo de espacio iba a disponer y qué podríamos hacer con él. Yo sabía que el centro de negocios donde se celebraría la reunión, ya tenía un cierto encanto que ayudaría a crear un ambiente digno para la reunión. Al llegar a la sala respiré con alivio. No era una habitación espectacular o con una vista de cortar la respiración, pero tenía todos los ingredientes básicos para poder realizar allí nuestro taller - una pantalla (televisor de 42 pulgadas) como sistema de proyección, sillas, mesas, espacio suficiente para acondicionar dos zonas de trabajo. Con ese tiempo de antelación favorable, imaginé de inmediato la separación en dos zonas, un círculo de sillas junto al televisor donde íbamos a realizar las presentaciones iniciales, y otra zona al fondo de la sala con las mesas dispuestas para el trabajo en grupo, de 4 a 6 personas por mesa. Con alguna fuerza de brazos y la bienvenida ayuda de mi co-facilitadora, todo quedó listo en el minuto cero."

Un aspecto simple, pero que puede tener un impacto muy positivo en el espacio de un taller son los elementos decorativos que podemos usar.

"Recuerdo siempre con agrado, la primera vez que participé en una conferencia de la IAF, en la que mis colegas que iban a facilitar la sesión nos recibían en lo que era una casi banal sala de conferencias de un hotel, pero llena de elementos decorativos colocados en las paredes.

Posters con las reglas de comportamiento participativo en reuniones, y otros pequeños detalles que daban una inmensa vida a la sala. Los vasos con los bolígrafos y los bloques de nota de varios colores sobre las mesas junto a las paredes y las sillas dispuestas en círculo. Yo diría que esos elementos, sin significado aparente, daban un agradable toque humano frente al despersonalizado que una sala de conferencias de un hotel suele ser. Un toque que sutilmente nos decía - Encantados por recibiros, bienvenidos! Esta es la sala que os ofrecemos a vosotros como grupo, algo importante puede ocurrir hoy aquí - vuestra participación en la reunión.

2. Tiempo

Una cuidadosa gestión de tiempo puede hacer toda la diferencia entre un taller de calidad y lo que podría llegar a ser un buen taller. Es por muchos conocido el proverbio:

> "El tiempo preguntó al tiempo, cuánto tiempo tiene el tiempo? El tiempo respondió al tiempo que tiene tanto tiempo cuanto el tiempo tiene."

En la práctica, esto significa que el tiempo es una construcción mental balizada por criterios objetivos - meses, días o minutos - pero con vivencias subjetivas sujetas a una elevada variabilidad.

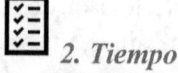 Una hora de espera en el médico puede ser vivida de diferentes maneras, si tenemos dos hijos pequeños implicando uno con el otro, o si acaba de entrar alguien cercano y que no habíamos visto desde hace mucho tiempo.

Lo mismo puede suceder en una reunión facilitada o en un taller, la gestión de los tiempos debe hacerse para asegurar un máximo nivel de satisfacción a todos los participantes con la realización de la tarea.

Los principales elementos que pueden impactar en la gestión del tiempo son:

- La programación, es decir, la elección de la fecha y el horario de la reunión.

- El formato de la agenda.

- La variación del ritmo y las pausas de la sesión.

Programación
Una reunión de planificación de estrategia de negocios que se realiza un fin de semana o durante la semana puede tener un significado distinto para los participantes e impactar su voluntad en participar. Si elegimos un horario al final de un día de trabajo para realizar una sesión que requiere creatividad y energía tal vez no sea el más adecuado. Sin embargo, si el contenido de la sesión es el de efectuar una reflexión sobre la calidad del trabajo en la empresa, un momento al final del día puede ser muy útil al propiciar casos concretos de vivencias recientes, el mismo día, que pueden ser compartidas y debatidas en un ambiente calmo y distendido y que se puede prolongar hasta un poco después del horario con algunas bebidas y aperitivos (*after hours*).

Formato de la agenda
Sabemos hoy que el período máximo de atención seguido de un adulto varía entre 18 a 20 minutos. Una agenda que no tenga esto en cuenta, puede provocar saturación y cansancio innecesario a los participantes. Por el contrario, un formato de agenda con actividades diversificadas en cada momento, variando entre presentaciones, tiempo para reflexión individual, actividad en pequeño grupo, discusión en gran grupo, con amplios períodos de pausa, podrá propiciar una percepción de empleo de tiempo más satisfactoria y distendida.

Variación del ritmo y pausas
Finalmente, podemos emplear el ritmo de la sesión como un elemento facilitador de la actividad del grupo. Por ejemplo, el tiempo empleado en respuestas a preguntas objetivas o reflexivas no es lo mismo que se utiliza en las respuestas a las preguntas interpretativas o decisivas. Si una facilitadora adopta el método de la Conversación Enfocada de la ToP (*Focused Conversation*) en la fase de las cuestiones objetivas podemos dejar que el grupo acelere en la producción de ideas y, por otro lado, no intervenir igualmente durante la fase de interpretación, cuando ocurren largos momentos de silencio. Saber interpretar el sentir del grupo y dejar que fluya el debate, hasta sentir que es el momento de sugerir una pausa o una ronda final de conclusiones, es una poderosa ayuda para la gestión del tiempo en una reunión.

3. Vivencia

Un taller debe ser sobre todo un espacio vivencial donde se desarrollan experiencias de vida que en la mayoría de los casos son irrepetibles, tanto para facilitadores como participantes.

> Vivencia s. f - Proceso psicológico consciente en el cual el individuo adopta una posición valorizante, sintética, que no es sólo pasiva y emocional, pues incluye también una participación intelectual activa.[xli]

Se demuestra que las personas responden de forma positiva a una variedad de elementos vivenciales, como pueden ser el humor o el drama, en sesiones con *story telling*, los momentos de celebración con música o danza, ejercicios breves para relajarse y energizar, como sean círculos de participantes que realizan pequeños masajes en la espalda unos de otros, juegos kinestésicos con la manipulación de objetos, etc..

Estas actividades vivenciales se pueden combinar con la variable tiempo.

> Por ejemplo, completar una semana de trabajo con un encuentro informal de todos los miembros de la empresa para un *sun set drinks* aún dentro del horario de trabajo, o planificar una actividad de ocio al final de un día intenso de actividad en un taller, o realizar una cena de gala y agradecimiento, con entrega de premios a equipos o individuos al final de un proceso colaborativo con varios meses de duración e involucrando a múltiples organizaciones participantes.

Todos estos ejemplos demuestran cómo la dimensión humana es multifacética y que debemos atender a la realización de la tarea de grupo sin olvidar nunca los elementos de vida, sin olvidar todo aquello que significa el ser humano en su totalidad.

4. Producto
Al final de una reunión convencional, sucede con frecuencia que, después de un amplio debate, todos salen de la reunión esperando que alguien se pueda hacer cargo de enviar un resumen con las principales conclusiones y cuáles las tareas asignadas a cada cual. La cruda realidad es que, en la mayoría de los casos, nadie lo hace. Cuando esto sucede, todas las ganancias que pueden haber sido logradas por los compromisos obtenidos en la conclusión de una reunión, se pierden automáticamente. Como todos sabemos, las palabras las lleva al viento y este proverbio es bien ilustrativo de lo que sucede en muchos grupos:

> "Esta es una historia sobre 4 (cuatro) personas: TODO EL MUNDO, ALGUIEN, CUALQUIER UNO Y NADIE. Había un importante trabajo para hacer, y TODO EL MUNDO tenía la certeza de que ALGUIEN lo haría. CUALQUIER UNO podría haberlo hecho, pero NADIE lo hizo. ALGUIEN se enfadó porque era un trabajo de TODO EL MUNDO.
>
> TODO EL MUNDO pensó que CUALQUIER UNO podría hacerlo, pero NADIE se imaginó que TODO EL MUNDO dejara de hacerlo. Al final TODO EL MUNDO culpó ALGUIEN porque NADIE hizo lo que CUALQUIER UNO podría haber hecho. "

Contrariamente a una reunión convencional, se espera que una reunión facilitada o un taller produzcan determinados resultados. Estos pueden ser algo tangible y con impactos medibles en la comunidad o en la organización, pero también pueden ser resultados intangibles, originados por esa extraordinaria sensación de formar parte de algo que es más que la simple suma de las partes - donde todos hicimos lo que nadie jamás pensó que alguien lo pudiera hacer.

Concepto de producto
El producto de una reunión es todo lo que pueda ser entregado por el grupo como resultado del proceso de colaboración, un

resumen escrito, un plan o proyecto, el resultado de una votación, una lista de ideas o un objeto tridimensional compuesto por piezas del juego Lego[xlii].

"Cuando oigo hablar en producto de una reunión, inmediatamente me viene a la memoria esa obra clásica - Grupos Inteligentes [xliii] – escrita por dos psicólogos, Fernando Cembranos y José Angel Medina, que sistematizan de forma notable la teoría y la práctica del trabajo en equipo. Este es un libro notable, pues entre otras muchas cosas, explica con sencillez la importancia de definir siempre cuál es el producto o productos de una reunión, y aclararlos desde el momento de la propia confección de la agenda."

En una reunión convencional, es usual ver puntos en la agenda con significados poco claros, como en este ejemplo:

Orden del día

- Nuevo edificio

- Compras de informática

- Diseño de Parking

- Otros

Tiene que haber una elevada dosis de contexto compartido para que los asistentes puedan intuir lo que cabe esperar que el grupo pueda producir en esta reunión, además de un amplio debate sobre cada uno de estos puntos. Pero reunir a un grupo para debatir es quizás el menos productivo de los motivos para convocar una reunión.

Como sabemos por experiencia, los grupos entran fácilmente en 'modo tertulia', como si existiera un secreto placer en el simple debate abstracto de ideas. Sin embargo, cuando son encuestados individualmente, todos los miembros de un grupo consideran que el debate es una pérdida de tiempo en una reunión.

Definición de producto
La definición de los productos de una reunión es útil para mejor reflexionar sobre el diseño de la sesión y, al incluirlos en la convocatoria, hacerla más atractiva para sus participantes.

Cembranos y Medina (2003) sugieren un conjunto de preguntas cuya respuesta ayuda a definir el producto de una reunión:

- ¿Qué tiene que salir de esta reunión?

- ¿Qué nos llevamos en concreto?

- ¿Dónde está materialmente reflejado?

- ¿Quién lo hace en concreto?

Si utilizamos estas mismas preguntas, podríamos rehacer la agenda anterior de la siguiente manera (ver Tabla 12 - Diferencias entre puntos a tratar e productos de la reunión):

Temas en la agenda	Productos de la reunión
- Nuevo edificio	- Identificar los espacios de trabajo a distribuir en el nuevo edificio. - Proponer una afectación provisional de los mismos.
- Compras de informática	- Listar los ítems de compras de material informático que serán necesarios extra a los presupuestos anuales ya aprobados.
- Diseño de Parking	- Identificar las plazas disponibles para la empresa. - Proponer los criterios para la asignación de plazas.

Tabla 12 - Diferencias entre puntos a tratar e productos de la reunión

La definición, a priori, de los productos de una reunión, puede determinar el diseño de los procesos de colaboración y ahorrar tiempo de reunión.

> 👁 Por ejemplo, quedando claro que el grupo no tiene que obligatoriamente llegar a un consenso entre todos los participantes sobre cada punto, podemos pedir a los participantes que se dividan en tres subgrupos para que cada uno pueda tratar de un punto específico y al final de la reunión se unen de nuevo para la presentación de los productos de la reunión que se distribuyeron entre ellos.

Tipos de productos

Los tipos de productos más usuales para los puntos a tratar en una reunión pueden ser:

- Crear una lista de ideas

- Identificar tareas a realizar

- Auscultar al grupo

- Crear un boceto de un plan

- Presentación de propuestas

- Transferir información / dar explicaciones

- Operacionalizar y desarrollar ideas

- Elaborar un documento

- Formación de comisiones o subgrupos para la distribución de tareas

- Aprobar propuestas

- Realizar acuerdos / seguimiento de acuerdos

- Otros productos específicos (juego, etc.)

Es habitual utilizar los registros de memoria de grupo (ver capítulo anterior) para poder ofrecer un producto de reunión tangible. Los facilitadores experimentados lo saben bien, y sacan partido de los registros en papel y lápiz en los rotafolios (*flipcharts*) o las notas en papel adhesivo (*post it*) que son manuscritas por los participantes o por subgrupos de participantes, y que después se reagrupan en las paredes o marcos magnéticos - lo que designo por *groupware* físico. Estas prácticas producen una evidencia viva y actual de la actividad del grupo en la forma de productos tangibles.

> En el último capítulo, veremos cómo el empleo de la tecnología puede mejorar los productos de una reunión.

5. *Estilo*
Por último, el estilo de facilitación puede ser fácilmente identificado por la forma en que dos personas aplican una misma técnica.

> Por ejemplo, al realizar una intervención para pedir una pausa para consultar al grupo, el llamado *'time out'*, podremos escuchar:
>
>> "¿Mi buena gente, puedo pedirles que el grupo haga una pausa para una breve consulta? (esperando que todos paren) ¿No creen que vamos demasiado rápido? "
>>
>> "Atención a todos, observo que este grupo va a ir demasiado rápido pero voy a dejarlo, alguien tiene algo que objetar?

Cada una de estas intervenciones revela un estilo diferente de lidiar con el grupo y ese estilo es indisociable de la persona que facilita, semejante a la firma que los pintores hacen en su obra. Pero, tal como estos pueden cambiar de estilo a lo largo de la vida - se conocen los famosos períodos de Pablo Picasso: azul, rosa, africano, cubismo, etc. - lo mismo puede ocurrir con los facilitadores.

A lo largo de su evolución profesional, una facilitadora o facilitadora de grupos podrán encontrar formas más eficaces de emplear las mismas técnicas que se traducen en sucesivos cambios de estilo, o incluso adoptar una nueva metodología de facilitación que altera su estilo de forma más radical.

> Por ejemplo, una facilitadora o facilitador que adopta el método de facilitación gráfica o visual de *Grove Consultants* puede tener que cambiar su estilo de facilitación de forma más acentuada si antes usaba un método de taller de consenso de ToP que se centra en la producción de notas autoadhesivas manuscritas, o viceversa.

Pero no es sólo el conocimiento práctico y el uso de diferentes técnicas de facilitación que condiciona una diferencia de estilo de facilitación.

Como se verá en el volumen 2 de esta serie - Arquitectar la Colaboración: Facilitar Grupos y Liderar por la Facilitación - la facilitación es una actividad profesional que exige un perfeccionamiento continuo, en el que nuestro propio autoconocimiento y el desarrollo de nuestra intuición social, desempeñan un papel importante.

En el curso de su formación y aprendizaje cada facilitador desarrolla una filosofía personal de facilitación. Es decir, ella o él identifican un conjunto de principios o creencias-base que sostienen la lógica para las decisiones que efectúan en el diseño de un proceso participativo y que orientan sus intervenciones en el momento de la interacción con los demás (Bens, 2005).

Variables de estilo

En el libro Winning Through Participation, Laura Spencer (1989) define un conjunto de variables de estilo que podemos clasificar como más o menos fundacionales en relación a la creación de una filosofía de facilitación. De este modo, los principios de estilo que son comunes a cualquier escuela de facilitación son los siguientes:

- Honrar la sabiduría y el potencial creativo del grupo y de cada uno de sus participantes.

- Creer que cada persona tiene una importante perspicacia para contribuir desde su visión de la realidad y que es igualmente válida en relación a todos los demás.

- Alentar la participación genuina en el grupo e impedir la aparición de voces dominantes que silencian o inhiben la participación de los demás miembros del grupo.

- Una atención genuina por el bienestar del grupo y de sus participantes, alejando los comentarios negativos críticos que impiden el progreso de la colaboración en el grupo.

- Desde una perspectiva neutra, proporcionar objetividad al grupo, sin favorecer nunca una elección en relación a otras.

Auto-facilitación

Finalmente, los enfoques holísticos en la formación de facilitadores preconizan la inclusión de principios de autoconocimiento, a través de la auto-percepción (autoconcepción) y de la conciencia propia (*self-consciousness*) que se desarrollan a través de la auto-facilitación. La Neozelandesa Dale Hunter a través de su libro *Art of Facilitation* (Hunter, 2007) ha sido un referente para cientos de facilitadores en todo el mundo y fue también mi primer libro sobre la facilitación.

En esta tradición la totalidad de la persona no puede ser nunca disociada en componentes aislados entre sí.

◎ La cognición y la racionalidad no es algo que exista en abstracto, sino que es tan sólo un aspecto de un todo mayor que incluye las emociones y la experiencia física corporal. La siguiente auto-observación puede elucidar:

> "Cuando pienso en algo, esto generalmente despierta una emoción en mí, y ese conjunto compuesto por pensamiento más emoción tiene un inmediato reflejo en la percepción de una sensación corporal que puedo identificar con más o menos facilidad. Estos referentes corporales me permiten estar centrado en el aquí y ahora, y poder ofrecer al grupo mi presencia total, a través de un estar alerta, pero al mismo tiempo completamente relajado, abierto al desenrollar de la sorpresa de cada momento y de una genuina curiosidad por todo lo que sucede en el momento.

A través de un entrenamiento intenso que se basa en una filosofía de la colaboración basada en las tradiciones del pueblo Maorí, la empresa *Zenergy Global*[xliv] ofrece un programa de formación basado en un amplio trabajo de investigación-acción y en el concepto de la tecnología cooperativa.

La tabla 13, resume el impacto de las diversas escuelas de facilitación en las actividades más características de los respectivos estilos de facilitación.

Tipo de enfoque	Autores de renombre e enfoques	Ejemplos de estilo de actividades	Escuelas de formación
Gráfica y visual	David Sibbet, Graphic and Visual facilitation	Empleo de metáforas visuales para facilitar procesos grupales: Visual Planning Systems (ex. Mandala Vision, Organizational processes, Waves of innovation); Team Performance Systems (Team performance wallchart, Team performance indicator).	The Grove Consultants International[xlv]
Centrado en los procesos	1) Brian Stanfield, ToP (Technology of Participation) 2) Sam Kaner, Participatory decision-making	1) Taller de consenso, *Wall of Wonder Historical Scan* (línea de tiempo), *Focused conversation*, planificación de sesión STEPS. 2) Valores de la participación, modelo diamante de la dinámica de decisión en grupo, técnicas para honrar el punto de vista de todos.	1) The Institute of Cultural Affairs[xlvi] 2) Community at work[xlvii]
Centrado en la estructura	Henri Lipmanowicz e Keith McCandless, Estructuras liberadoras	Un total de 33 estructuras, por ejemplo: 1-2-4-todos, TRIZ, 25/10 *Crowdsourcing*, *Conversation café*, *Wise crowds*, etc.	Liberating Structures[xlviii]
Centrado en el grupo	1) Roger Schwarz, The skilled facilitator approach. 2) Harrison Owen, Open Space Technology.	1) Double loop learning[xlix], reglas básicas para los grupos efectivos. 2) Círculo de apertura, *market place*, ley de los 2 pies; (1) quienes están son quienes deberían estar, (2) lo que sucede es la única cosa que podría (3) Cuando se inicia es el momento adecuado, (4) Cuando haya terminado, termina.	1) Roger Schwarz & Associates, Inc.[l] 2) Open Space World[li]
Holístico	Dale Hunter, co-operacy facilitation	Enfoques multisensoriales que involucran, entre otros, música, movimiento, dramatización, texturas, aprendizaje sinestésico, etc.	Zenergy Global[lii]

Tabla 13 - Diferentes estilos de facilitación según varias escuelas de origen

VI. Apoyo de la tecnología

↶ En los capítulos anteriores abordamos el por qué, el qué y el cómo de la arquitectura de la colaboración. Hemos visto cómo un líder facilitador opera a partir de un nuevo paradigma, en el cual la resolución de problemas con la participación y generación de consenso de todos los implicados, lleva a que los equipos logren niveles más altos de desempeño.

Sólo nos queda por abordar los aspectos relacionados con el empleo de la tecnología en la facilitación de grupos.

Esta puede dar una piedra de toque a todos los profesionales de la facilitación de grupos para agregar valor a una oferta de productos y servicios de calidad.

- ✓ ~~La revolución digital y un nuevo paradigma para la resolución de los problemas.~~
- ✓ ~~¿Qué son y qué hacen los arquitectos de la colaboración?~~
- ✓ ~~Cómo diseñar la colaboración.~~
- ✓ ~~Los registros de grupo como una pieza clave para facilitar la colaboración.~~
- ✓ ~~Los cinco aspectos a considerar en la producción de la colaboración.~~
- ✓ **El apoyo de la tecnología.**

Los primordios de la colaboración

Desde el simple anotar de ideas en una servilleta al final de una comida, hasta el uso del más complejo software de apoyo a la decisión en grupo, el soporte tecnológico para la colaboración es algo que acompaña a la humanidad desde sus primordios. No es difícil de imaginar, en las primitivas cuevas de Altamira[liii], que las conversaciones alrededor de la hoguera pudieron haber utilizado esos mismos dibujos en las paredes para proponer y decidir sobre las mejores tácticas colaborativas para la caza de los bisontes en los tiempos del paleolítico superior, hace unos 35.000 años.

En los días de hoy, todas las formas de colaboración - básica o planificada - pueden ser aumentadas gracias a la tecnología. Los sistemas de videoconferencia y, en particular, las herramientas para la colaboración visual, como las pizarras blancas con fotocopiadora acoplada o, más recientemente, por los monitores interactivos de gran formato, posibilitan efectuar los registros de grupo en modo rotafolio digital (ver Imagen 6 – Ejemplo de un monitor interactivo para anotaciones en una sala de reuniones).

Imagen 6 – Ejemplo de un monitor interactivo para anotaciones en una sala de reuniones

Una capa más de colaboración aumentada, es posibilitada hoy por el uso de la realidad virtual 3D, por ejemplo, para crear un espacio de colaboración en un entorno virtual inmersivo para todos los participantes, independientemente de sus ubicaciones geográficas.

Finalmente, las herramientas GDSS (*Group Decision Support Systems*) aumentan la eficacia de la colaboración planificada. Esta clase de software crea una capa extra de productividad que combina el valor de la colaboración improvisada espontánea con las ventajas de una agenda bien diseñada para reuniones presenciales o virtuales.

Como he publicado antes, un sistema de apoyo a la decisión en grupo (GDSS) es un sistema interactivo basado en una red de computadoras que ayuda a un equipo de tomadores de decisión a resolver problemas y hacer elecciones (ver Figura 9 - El uso de la colaboración aumentada en el mundo de las reuniones).[liv]

"Estoy hablando aquí sobre las ayudas de software para la colaboración. GDSS es el acrónimo de *Group Decision Support Systems*. No se preocupe si esta es la primera vez que lee esto. Incluso los expertos en reuniones más experimentadas todavía son nuevos en este término.

Hay un número de productos en el mercado que están diseñados para apoyar reuniones, no todos pueden ser considerados como GDSS, ni tienen el mismo conjunto de recursos o precios. (...). Esta tecnología está en constante evolución y los proveedores de software están mejorando constantemente los recursos de las nuevas versiones.

Tradicionalmente, el GDSS ha sido utilizado para la colaboración síncrona y en el mismo lugar, en las llamadas "salas de decisión estratégica".

Durante mi doctorado (Ph.D.) he investigado en varias organizaciones que adoptan estos sistemas. Una de ellas, las bautizó como "salas de aceleración" (*accelerator room*). Actualmente, los GDSS prosperan en el mundo virtual, pues los escenarios de reuniones híbridas están haciendo grandes avances. La noción de "reunión" acabará siendo reinventada en paralelo con el declive del uso del e-mail que, tal como lo conocemos desde el siglo pasado, se volverá obsoleto.

Imagen 7 - Ejemplo de una sala de decisiones con el GDSS Spilter.

Las características de una 'Sala de Decisión' con GDSS son las siguientes:

- Cada participante tiene una estación de trabajo con un ordenador portátil.

- El facilitador, que coordina la reunión y, opcionalmente, un co-facilitador que opera el sistema.

- La sala tiene una pantalla de proyección o monitor de gran formato donde todos los participantes pueden ver los resultados del procesamiento de datos.

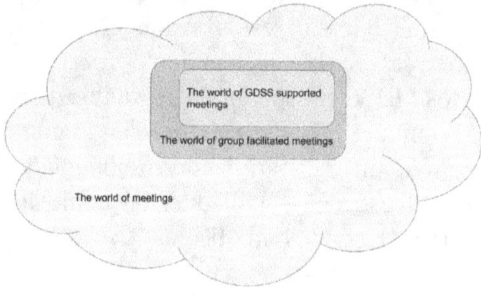

Figura 9 - El uso de la colaboración aumentada en el mundo de las reuniones

Recientemente, el avance de las tecnologías cloud (Internet en la nube) y la adopción masiva de dispositivos móviles (tablets y smartphones) permitió la aparición de una nueva clase de software denominada "software de ideación", que puede llegar a ser la próxima generación de GDSS, donde el uso de dispositivos interactivos puede hacer una entrada decisiva. La colaboración visual interactiva, en la sala de reuniones o a distancia, trae una nueva dimensión al uso de sistemas GDSS y estará sujeta a nuevos desarrollos que iremos ver en los próximos volúmenes de esta serie.

Imagen 8 – Boceto de un software de ideación GroupMap, una nueva clase de GDSS

Este es también el caso de las reuniones inmersivas con la realidad virtual en 3D, donde los participantes pueden realmente estar en una sala virtual y utilizar y manipular rotafolios (*flipcharts*) virtuales, como si estuvieran en una reunión presencial. Si le interesa esta temática, existe un grupo en el LinkedIn sobre GDSS al que se podrá unir para mantener esta discusión viva y fructífera.

 https://www.linkedin.com/groups/8587277

Para cualquier persona interesada en destruir silos organizacionales y otros obstáculos para la colaboración, adoptar herramientas para la colaboración aumentada es una opción lógica. Sin embargo, la aplicación exitosa de estas herramientas requiere una gran experiencia en gestión del cambio asociada a una práctica en el diseño de reuniones y la facilitación de grupos.

Cómo he defendido en la investigación de mi tesis doctoral[lv], los sistemas tecnológicos de apoyo a la decisión de grupo varían en un ancho de banda que es muy amplio. En el ámbito de las tecnologías tangibles (artefactos físicos) pueden ir desde un simple sistema de señalización de tráfico para apoyar las decisiones de un colectivo de conductores, hasta el más avanzado sistema de videoconferencia y visualización 3D.

Pero, este ámbito tecnológico incluye también las llamadas tecnologías de procesos humanos, son tecnologías en sentido amplio, pero que tienen un impacto igualmente tangible en la emergencia de la colaboración en el seno de un grupo y en todas las variables STEPS, que ya hemos observado antes .

El groupware, es un término que describe un conjunto de tecnologías para ayudar a las personas involucradas en una tarea común a alcanzar sus objetivos.

En mi tesis doctoral, he ampliado esta noción de groupware, para incluir los **artefactos físicos**, como pueden ser rotafolios o *flipcharts*, pizarras bancas magnéticas, pizarras con función de fotocopiadora, y los **artefactos conceptuales**, los mismos métodos para diseñar procesos colaborativos (ver Tabla 14 - Impacto tecnológico en los 3 tipos de colaboración).

Artefactos para la colaboración

En el volumen 2 de esta serie, evidencié que los sistemas tecnológicos físicos pueden impactar en las formas de colaboración básicas o planificadas a través de diferentes tipos de artefactos creando lo que yo designé como 'Colaboración Aumentada'.

Veamos aquí, con más detalle, en que consisten los diversos tipos de aumento a la colaboración que la Tabla 14 - Impacto tecnológico en los 3 tipos de colaboración - utiliza para caracterizar los diferentes artefactos tecnológicos para la colaboración.

Tecnologías de soporte a la colaboración	Colaboración Básica	Colaboración Planificada	Colaboración Genuina
Artefactos físicos tradicionales (*groupware* convencional)	Servilleta de papel, bloque de notas individual, flipchart o pizarra interactiva.	Flipchart, pizarra blanca magnética, tarjetas, bloques de notas post-it.	Pizarra blanca magnética o pared, tarjetas de cartulina, bloques de notas post-it.
Artefactos físicos digitales (*groupware* digital)	Smartphone, tableta digital, videoconferencia, monitor interactivo.	Videoconferencia, monitor interactivo, PC portátil, tableta digital, software GDSS.	Videoconferencia, software GDSS, PC portátil, tableta.
Artefactos conceptuales, métodos de facilitación (*groupware* conceptual)	N. D.	Métodos ToP, Skilled Facilitator Approach, Visual metaphors[lvi], ciertas estructuras libertadoras.	Open Space Technology, Unconference, World Café, Knownledge Café.

Tabla 14 - Impacto tecnológico en los 3 tipos de colaboración

 Colaboración básica aumentada

Por un lado, tenemos la colaboración básica que ocurre espontáneamente en los encuentros casuales o en ciertas reuniones convencionales donde el debate de ideas se calienta y es necesario aclarar diferentes puntos de vista. Esta forma de colaboración espontánea puede ser aumentada de varios modos y con diferentes estilos de intensidad.

> Por ejemplo, a través de la videoconferencia podemos hacer una llamada a los miembros de un grupo que están geográficamente distantes y que, de otro modo, jamás podrían ser consultados y hasta participar de pleno derecho en la reunión.

Si el soporte tecnológico a esa reunión, presencial o en remoto, se amplía con herramientas para la colaboración visual interactiva, nacen nuevas posibilidades de colaboración y se incrementa la productividad de la reunión.

👁 Por ejemplo, el uso de software de rotafolios digitales, en un monitor interactivo de gran formato, posibilitan la realización de anotaciones con tinta digital que permiten efectuar todo tipo de registros de grupo en una reunión, a medida que ésta transcurre. Al final de la sesión, estas notas en formato digital se pueden compartir instantáneamente con todos los participantes en la reunión, por correo electrónico o mediante la captura de imágenes y la grabación de archivos en soportes de memoria USB.

Aumentar la colaboración planificada

Por otro lado, tenemos los procesos de colaboración planificada, en los cuales los modos de colaboración son diseñados de acuerdo con un propósito facilitador, que busca ayudar al grupo a alcanzar un determinado resultado de una forma más objetiva que una simple conversación espontánea o casual, tales como las que ocurren en encuentros informales, junto a los dispensadores de agua o de café. En este tipo de colaboración las tecnologías físicas de soporte pueden ser las mismas, pero entran aquí en juego los artefactos conceptuales que ayudan a planificar y estructurar las interacciones que ocurren en la reunión.

👁 Como ejemplos de estas "tecnologías conceptuales", tenemos las Estructuras Liberadoras de Henri Lipmanowicz y Keith McCandless, la ToP (Technology of Participation) desarrollada por el ICA (Institute of Cultural Affairs) o las metáforas de facilitación visual desarrolladas por David Sibbet en Grove entre otras.

Finalmente, los sistemas de apoyo a la decisión basados en software, pueden propiciar aún mayor nivel de productividad a una reunión planificada.

👁 Por ejemplo, el software de soporte para los talleres Stormz [lvii], incluye varias herramientas que alertan a los facilitadores cuando ocurren nuevos comentarios y ofrecen modos de visualización intuitivos para mostrar las diversas votaciones realizadas por el grupo.

Mantener la objetividad del grupo
En las formas de colaboración planificada, una de las principales funciones a desempeñar por la persona que ejerce el papel de facilitación en la reunión es el de mantener la objetividad del grupo frente a la tarea y sin perder nunca la neutralidad.

👁 Por ejemplo, una intervención posible para un grupo que no progrese en la colaboración, podría ser:

"Observo que el participante X sigue reticente a poder cerrar este asunto, e insiste en plantear más preguntas a los proponentes del tema que lo desean ver concluido. Me pregunto si alguien en el grupo quiere sugerir una forma de salir de este impasse, asumiendo que todas las perspectivas son igualmente válidas y que es posible la inclusión de todos los puntos de vista en una solución que sea aceptada por todos. ¿Alguna sugerencia?"

Dependiendo del conocimiento y de la disponibilidad de las herramientas de apoyo a la decisión, un grupo podrá disponer de varias formas de superar este tipo impasses.

👁 Una técnica habitual sería la creación de un proceso para apoyar la toma de decisión en grupo. Por ejemplo, pedir al grupo que se centre por un momento, en los criterios que debería tener una solución correcta y aceptado por todos. Esta participación puede ocurrir por escrito, ofreciendo a cada participante un trozo de cartulina y una pluma donde cada uno escribe sus ideas y las entrega al facilitador que lo cuelga en la pared o en una pizarra blanca magnética.

> Si el debate se refería a la contratación de una agencia de marketing, las ideas introducidas en las tarjetas podrían ser:
>
> - Grado de especialización en nuestro negocio
>
> - Años de experiencia
>
> - Referencias de otros clientes
>
> - Perfil del equipo
>
> - Creatividad
>
> - Facilidad de conexión a las ventas
>
> Entonces podríamos preguntar al grupo para filtrar estos resultados y reagruparlos en menos categorías. El resultado final podría ser:
>
> - Especialización en el negocio y conexión a las ventas.
>
> - Experiencia y referencias
>
> - Talento del equipo

Una vez alcanzada esta fase, el grupo podrá volver a revisar las propuestas de soluciones iniciales y clasificarlas según estos criterios, asignando puntos a cada una de las agencias en elección. La decisión se referirá a la que obtenga más puntos en todos los criterios.

💻 *La eficacia del groupware*

El ejemplo anterior es una buena ilustración del uso de lo que yo designo por una tecnología conceptual. Siguiendo este mismo proceso anterior, podríamos utilizar una tecnología digital - herramientas GDSS (*Group Decision Support Systems*) - que consisten en un sistema interactivo basado en una red de ordenadores portátiles. Estos sistemas digitales tienen asociados programas informáticos que ayudan a los miembros de un equipo a resolver problemas complejos y hacer mejores elecciones a través del consenso de grupo (ver imagen 7).

Cuando bien empleados, los sistemas GDSS pueden ser de una ayuda inestimable y algunos facilitadores empiezan ya a proponer su adopción a sus clientes.

👁 Por ejemplo, con el empleo de un software GDSS [lviii], como sean los ejemplos de *GroupMap, Stormz, MeetingSphere, Spilter* o *Powernoodle*, podemos realizar el mismo proceso de apoyo a la decisión adoptada en el punto anterior, pero de forma totalmente digital. En lugar de usar tarjetas de cartulina fijadas en el marco magnético, el facilitador pide a cada participante que utilice su smartphone, Tablet o portátil para enviar sus ideas y de forma interactiva el propio software permite la agrupación de categorías y una asignación de puntos rápida por parte de cada participante. En la pantalla de proyección o en el monitor interactivo de la sala de reuniones se muestran instantáneamente los resultados de grupo con todo tipo de detalles estadísticos, que el facilitador podrá comentar.

Coste vs. oportunidad
Es evidente que en el caso de un grupo pequeño y con una cuestión simple como la contratación de una agencia de marketing no es el mejor ejemplo para justificar el uso de un software GDSS, el proceso analógico (con rotafolio y tarjetas de cartulina) será igualmente eficaz y el costo vs. la oportunidad de adoptar un groupware digital puede no estar justificado, en este caso.

Sin embargo, en el contexto de una gran organización en la que los problemas son más complejos, ya se puede justificar plenamente la adopción de este tipo de herramientas groupware para la creación de talleres participativos bien adaptados a las expectativas de resultados por parte del cliente.

> 👁 Por ejemplo, la creación de un nuevo modelo de negocio para una línea de productos innovadora, o la elección de un socio estratégico para una empresa conjunta (joint-venture), o, aún así, cómo mejorar el estado de salud de una comunidad étnica en riesgo de exclusión social. Todos estos ejemplos podrían bien justificar la adopción de un software GDSS.

Liberar el potencial creativo de los grupos

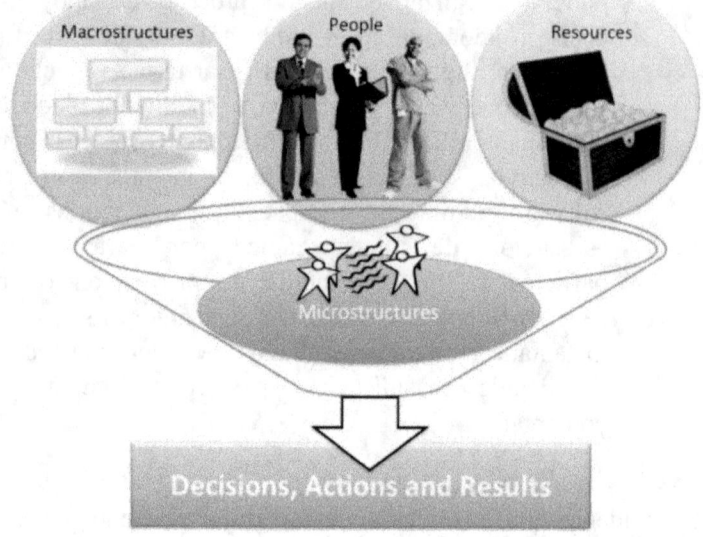

Figura 10 - El papel de las microestructuras en la producción de resultados (Lipmanowicz & McCandless 2013)

📚 Según Lipmanowicz & Candless (2013), las microestructuras son el alfabeto con el que la interacción social humana tiene lugar y que guía y controla la forma en que los grupos trabajan y, por ende, las organizaciones. Las microestructuras dan forma a las conversaciones en nuestras reuniones. Según estos autores, una micro-estructura puede ser de dos tipos - convencionales o liberadoras.

Pero sólo estas últimas, como el nombre indica, tienen el poder de liberar el poder de la participación genuina y hacer que éste pueda emerger en el seno de un grupo. Ver Figura 10 - El papel de las microestructuras en la producción de resultados (Lipmanowicz & McCandless 2013).

Tradicionalmente existen cinco "microestructuras" de interacción convencionales que son estandarizadas en organizaciones y grupos en reuniones (ver Figura 11 - Métodos de interacción en grupo):

- Presentaciones
- Discusiones gestionadas
- Discusiones abiertas
- Informes de estado
- Desarrollar ideas

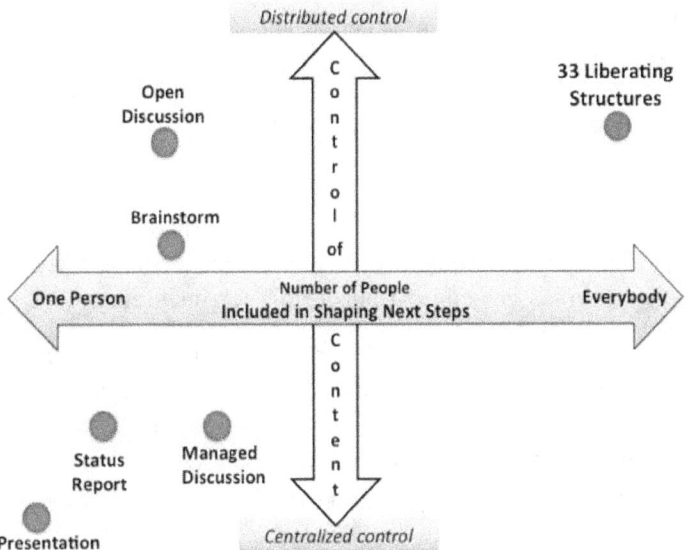

Figura 11 - Métodos de interacción en grupo, Lipmanowicz and McCandless (2013)

El problema es que estos métodos convencionales o son demasiado restrictivos (en el caso de presentaciones, discusiones gestionadas e informes de estado) o muy laxos (en el caso de discusiones abiertas y lluvias de ideas o brainstorms) que permiten buenos niveles de producción de contenidos, pero sin una estructura que permita la convergencia y la generación de consensos.

Las Estructuras Libertadoras aproximan de forma interesante esta paradoja: Estructurar, es decir, dar forma, y al mismo tiempo liberar, o sea, generar la participación genuina. Ellas están diseñadas para adoptar un control distribuido que puede incluir un número mayor y más justo de personas en la definición de los próximos pasos y lograr todos los beneficios de la participación genuina: propósito, inclusión, participación, claridad, creatividad, innovación e incluso diversión.

En cierta medida, la adopción de groupware digital puede ejercer el efecto de las estructuras liberadoras. En cualquier proceso interactivo interpersonal – o microestructura – que ocurre en un grupo podemos identificar los dos extremos de una misma polaridad:

Es necesario controlar el proceso, para lograr alcanzar un resultado determinado.

Es necesario liberar la sabiduría del grupo, que le guiará para encontrar el mejor camino, a partir de los recursos que comparten sus propios integrantes.

Al incidir en los procesos colaborativos y al mejorar la calidad de las interacciones en esas microestructuras, la adopción de un software GDSS podrá ser empleado en las reuniones críticas de una organización para la conciliación de estos dos extremos y obtener los beneficios de ambos, en toda su plenitud.

 *En resumen*

La arquitectura de la colaboración está en alta demanda debido a las complejidades del actual entorno empresarial (volátil, imprevisible, complejo y ambiguo) y al poderoso impacto de la revolución digital en todos los niveles de nuestra sociedad.

Al tratar de abordar este ambiente altamente cambiante, los gestores en las empresas y los docentes en la enseñanza se convierten en arquitectos de colaboración siempre que otorgan más autonomía a las personas y las involucran en la toma de decisiones que se refieren a su trabajo. Esto conduce a una fuerza de trabajo más comprometida (y alumnos más comprometidos) lo que es fundamental para lograr el éxito.

Las responsabilidades de un arquitecto de la colaboración son claramente en el dominio del *peopleware*, sin embargo, los gestores y los docentes muchas veces no saben distinguir entre 'proceso' y 'contenido' y eso puede perjudicar sus interacciones colaborativas..

Contenido = tareas, temas y problemas a ser abordados.

Son responsabilidad del líder y pueden ser delegados en el grupo que es invitado a iniciar un proceso colaborativo.

Proceso = cómo se discuten las cosas, incluyendo formato de sesión, normas y procedimientos, métodos de decisión y herramientas.

Son responsabilidad de los facilitadores externos, nombrados a tal efecto.

En el ámbito de las personas, los facilitadores de grupo asumen el papel de guía o líder de discusión y son responsables por hacer que los miembros del grupo asuman la responsabilidad del contenido de la reunión, comprometiéndose con las decisiones que se adopten.

Siempre que un gestor o profesor esté consciente de estos dos tipos de facilitación (contenido y proceso), ella o él podrá adoptar los valores centrales de la facilitación y, aplicándolos, se convierte en un líder facilitador.

🎯 Esta es, en su esencia, la principal faceta de un arquitecto de la colaboración: ser un líder facilitador que transforma a los equipos o las organizaciones que dirige, haciéndolas más colaborativas.

Gestionar el trabajo individual es diferente de gestionar el trabajo en equipo. El primero se caracteriza por la coordinación y sincronización de tiempos, mientras que el segundo se basa en la autonomía y creatividad de sus miembros.

Las empresas inteligentes aprendieron a entender estas diferencias y a convertir sus grupos en equipos de alto rendimiento, que logran obtener la participación genuina de todos sus miembros a través de la facilitación de grupos.

La gestión participada y la facilitación de grupos que conduce a la participación genuina, exige un estilo de liderazgo por parte del gestor (o responsable de la tarea del grupo) que se basa, fundamentalmente, en los siguientes puntos:

→ Confiar que las personas que piensan juntas y deciden autónomamente, llegan a las mejores soluciones posibles.
→ Aceptar las soluciones proporcionadas por los participantes en la reunión, aunque estas ciertamente no serán lo que el líder hubiera preferido.
→ Aceptar que nunca será posible controlar personas, pero tan sólo las estructuras en las que estas operan.

Si estos valores no son aceptados y compartidos por el gestor o promotor del cambio, entonces la facilitación de grupos está totalmente contraindicada.

Dependiendo de sus conocimientos de facilitación de grupo, los líderes facilitadores también podrán proponer diferentes formas de organizar los procesos de grupo y diseñar talleres de calidad.

Espero que este libro pueda haber ayudado a mejorar sus conocimientos en esta materia, para poder crear una cultura de reuniones más colaborativa, donde ocurra la participación genuina del más importante activo de cualquier organización - las personas.

Anexo I

COMPETENCIAS BÁSICAS DEL FACILITADOR

ANTECEDENTES

La Asociación Internacional de Facilitadores (IAF™) es el organismo mundial profesional creado para fomentar, apoyar y divulgar el arte y la práctica de la facilitación profesional mediante métodos de intercambio, crecimiento profesional, investigación práctica y redes colegiadas. En respuesta a las necesidades de los miembros y sus clientes, la IAF estableció el Programa de Certificación para Facilitadores Profesionales. El Programa de Certificación para Facilitadores Profesionales otorga a los candidatos aprobados la credencial de "Facilitador Profesional Certificado™" (CPF™), en la forma de un Certificado. Esta credencial es el distintivo principal de que un facilitador es hábil en cada una de las competencias básicas del facilitador. Este documento, Competencias Básicas del Facilitador, proporciona una vista general del marco de competencias que son la base de la Certificación. Esta estructura de competencias descrita en las Competencias Básicas del Facilitador fue desarrollada durante varios años por IAF con la ayuda de los miembros y facilitadores de IAF en todo el mundo. Las competencias reflejadas en el documento y evaluadas en el Proceso de Certificación configuran el compendio básico de habilidades, conocimientos y comportamientos que deben tener los facilitadores bajo una amplia gama de entorno.

LAS COMPETENCIAS

A. CREA RELACIONES COLABORATIVAS CON EL CLIENTE

    A1) Desarrolla alianzas de trabajo

        • Clarifica los compromisos mutuos

        • Desarrolla consenso para las tareas, entregables, funciones y responsabilidades

        • Demuestra valores y procesos colaborativos tales como en la co-facilitación

    A2) Diseña y personaliza las aplicaciones para satisfacer las necesidades del cliente

        • Analiza el entorno organizacional

        • Diagnostica las necesidades del cliente

        • Crea diseños apropiados para alcanzar los resultados deseados

        • Predefine junto con el cliente la calidad del producto y los resultados

    A3) Gestiona con efectividad eventos con múltiples sesiones

        • Acuerda con el cliente el alcance y los resultados

- Desarrolla un plan del evento
- Realiza el evento con éxito
- Evalúa / valora la satisfacción del cliente en todas las etapas del evento o proyecto

B. PLANIFICA PROCESOS GRUPALES APROPIADOS

B1) Selecciona métodos y procesos claros que...

- Estimulen la participación abierta, respetando la cultura del cliente, sus normas y la diversidad de los participantes.
- Involucren la participación de aquellos con estilos diversos de aprendizaje/pensamiento
- Consiguen un resultado/producto de alta calidad que satisface las necesidades del cliente

B2) Programa el tiempo y prepara el espacio para apoyar los procesos de grupo

- Organiza el espacio físico en sintonía con el propósito de la reunión
- Planifica el uso efectivo del tiempo
- Fomenta una atmósfera efectiva para las sesiones

C. CREA Y ESTIMULA UN ENTORNO DE PARTICIPACIÓN

C1) Demuestra habilidades efectivas en comunicación participativa e interpersonal

- Aplica una variedad de procesos participativos
- Demuestra técnicas efectivas de comunicación verbal

• Desarrolla buenas relaciones con los participantes

• Practica la escucha activa

• Demuestra la habilidad para observar y proporcionar retroalimentación a los participantes

C2) Honra y reconoce la diversidad, asegurando la inclusión

• Alienta un respeto positivo hacia las experiencias y percepciones de todos los participantes.

• Crea un clima de seguridad y confianza.

• Crea oportunidades para que los participantes se beneficien de la diversidad del grupo

• Promueve la sensibilización y la concienciación sobre la diversidad y la inclusión

C3) Maneja el conflicto de grupo

• Ayuda a los individuos a identificar y reconsiderar los supuestos subyacentes

• Reconoce los conflictos y el papel que juegan en la madurez/aprendizaje del grupo

• Proporciona un entorno seguro para que los conflictos salgan a la superficie

• Gestiona conductas disfuncionales

• Apoya al grupo en la resolución de conflictos

C4) Estimula la creatividad de grupo

• Aprovecha todos los estilos de pensamiento y aprendizaje de los participantes

- Fomenta el pensamiento creativo
- Acepta todas las ideas
- Usa los métodos que mejor encajan con las necesidades y habilidades del grupo
- Estimula y aprovecha la energía del grupo

D. GUÍA AL GRUPO HACIA RESULTADOS ÚTILES Y APROPIADOS

D1) Guía al grupo con métodos y procesos claros

- Establece un contexto claro para la sesión
- Escucha activamente, pregunta y resume para extraer la esencia de lo que el grupo expresa
- Reconoce las tangentes y re-direcciona hacia la tarea
- Gestiona los procesos de grupos pequeños y grandes

D2) Facilita la autoconsciencia del grupo sobre su tarea

- Modifica el ritmo de las actividades de acuerdo con las necesidades del grupo
- Identifica la información que necesita el grupo y extrae los conocimientos y las percepciones del grupo
- Ayuda al grupo a identificar y resumir los patrones, tendencias, raíces, causas, marcos para la acción

• Apoya al grupo a reflexionar sobre su propia experiencia

D3) Guía al grupo al consenso y los resultados deseados

• Usa una variedad de enfoques para alcanzar el consenso en el grupo

• Usa una variedad de enfoques para alcanzar los objetivos de grupo

• Adapta los procesos a situaciones cambiantes y las necesidades del grupo

• Evalúa y comunica los progresos del grupo

• Fomenta la terminación de las tareas

E. ACTUALIZA Y MANTIENE EL CONOCIMIENTO PROFESIONAL

E1) Mantiene sus conocimientos al día

• Tiene conocimientos en dirección y gestión, sistemas y desarrollo organizacional, desarrollo de grupos, psicología y resolución de conflictos

• Entiende las dinámicas del cambio

• Entiende las teorías de aprendizaje/ pensamiento

E2) Conoce una gama de métodos de facilitación

• Entiende los modelos de resolución de problemas y toma de decisiones

- Conoce diversos métodos y técnicas de grupo

- Sabe las consecuencias del uso indebido de los métodos de trabajo

- Distingue un proceso de una tarea y de un contenido

- Aprende nuevos procesos, métodos y modelos en apoyo a las necesidades cambiantes / emergentes del cliente

E3) Mantiene su nivel profesional

- Se involucra en estudios / aprendizaje continuo en relación a nuestro campo

- Continuamente se mantiene al día con nueva información en nuestra profesión

- Practica la reflexión y el aprendizaje

- Construye redes y conocimiento personal de la industria

- Mantiene la certificación

F. MODELA UNA ACTITUD PROFESIONAL POSITIVA

F1) Practica la autoevaluación y la autoconsciencia

- Reflexiona sobre comportamientos y resultados

- Mantiene una congruencia entre las acciones y los valores personales y profesionales

- Modifica su comportamiento / estilo personal para reflejar las necesidades del grupo

- Cultiva el entendimiento de los propios valores y su potencial impacto al trabajar con los clientes

F2) Actúa con integridad

- Demuestra que cree en el grupo y sus posibilidades

- Encara las situaciones con autenticidad y actitud positiva

- Describe situaciones como las ve un facilitador e indaga los diferentes puntos de vista

- Modela los límites profesionales y éticos (tal y como se describen en la declaración de ética y valores)

F3) Confía en el potencial del grupo y mantiene una postura neutral

- Honra la sabiduría del grupo

- Fomenta la confianza en la capacidad y experiencia de los demás

- Está alerta para minimizar su influencia en los resultados del equipo

- Mantiene una posición objetiva, no defensiva y libre de juicios

© IAF 2015

Anexo II

Una tabla con los roles y las definiciones de responsabilidades en una reunión utilizada en el manual interno de groupVision Consulting - Tecnologías para la colaboración SL.

CARGOS EN LA REUNIÓN	RESPONSABILIDAD
INICIADOR	Convocar la reunión y establecer claramente sus objetivos. Definir los asistentes a la reunión y aprobar la agenda. Designar la persona o personas que desarrollan los diversos roles definidos en esta instrucción técnica. Realizar el seguimiento de las conclusiones contenidas en el acta en el caso que no exista un responsable asignado a las mismas.
SPONSOR	Persona que autoriza la reunión y aprueba sus objetivos.
ORGANIZADOR	Recabar temas para la agenda. Haciendo una propuesta de agenda coherente con los objetivos, asignación de tiempo para cada ítem e intervalos de descanso si los hubiere. Informar a los asistentes con suficiente antelación sobre la fecha, el lugar, hora de comienzo y final de la reunión. Compartir con los asistentes los datos preliminares y la información relacionada con los objetivos de la reunión. Solicitar al Gestor de Sala: la reserva de la sala y los equipos necesarios (técnicos y el material de oficina de apoyo y preparación de sala: sillas, iluminación y ventilación / etc.).
FACILITADOR (MODERADOR)	En la apertura de la reunión dejar claro los objetivos y qué puntos de la reunión son informativos, cuáles para intercambiar opiniones y cuáles para toma de decisiones. Por delegación del *iniciador* podrá ejercer el liderazgo de la reunión, estableciendo con claridad una conclusión a cada punto tratado (que comprenderá el qué, quién y cuándo). Cuando surjan temas imprevistos en la agenda, desviando la reunión de alcanzar sus objetivos, retomar la discusión de nuevo. En los momentos de intercambio de ideas, fomentar la participación de todos, distribuyendo las intervenciones.

CARGOS EN LA REUNIÓN	RESPONSABILIDAD
RECORDER	Al final de cada punto el relator expondrá ordenadamente las conclusiones acordadas, con las fechas y responsables asignados por el Líder de la reunión. Envío del cuestionario de satisfacción a los participantes. Subir el acta a la plataforma de uso compartido (Google Drive).
PARTICIPANTES	Puntualidad. Asistir a la reunión con derecho a intervenir, según los principios establecidos por el método de interacción: actitud colaborativa, pensamiento estratégico y comportamientos facilitadores. Contestar el cuestionario de satisfacción de las reuniones.
GESTOR DE SALA	Garantizar la instalación de la sala y equipos necesarios solicitados por el organizador (técnicos y el material de oficina de apoyo y preparación de sala: sillas, iluminación y ventilación / etc.). Comprobar in situ que las instalaciones y material de apoyo prescritas por el organizador están conformes y funcionan de forma previa a la reunión, informando al organizador con antelación suficiente por si hubiese que realizar cambios. Revisar en el final que la sala quedó debidamente preparada para la siguiente utilización.

Facilitadores de grupo

👥 Algunas personas y empresas que prestan servicios de facilitación en español

https://www.iifac.org/

https://www.linkedin.com/in/ana-rubio-89a76a10/

https://www.linkedin.com/in/beatrice-briggs-6035495/

Referencias bibliográficas

Bens, I (2005) Advanced Facilitation Strategies: Tools and techniques to master difficult situations, PB Printing.

Cembranos, F., Medina, J.A. (2003) Grupos Inteligentes: Teoría y Práctica del Trabajo en Equipo. Madrid: Popular

Choi, H. Jeon Y., Park H., Nah K., (2018) Collaborative workshop between client and agency for open innovation. *Journal of Open Innovation: Technology, Market, and ComplexityTechnology, Market, and Complexity* 2018 4:13 https://doi.org/10.1186/s40852-018-0082-7

Harisson, O. (1997) Expanding our Now: The Story of Open Space Technology. CA: Berret-Koelher

Hunter, D. (2007) The Art of Facilitation: The Essentials for Leading Great Meetings and Creating Group Synergy. NJ: Jossey-Bass

Kaner, Sam; Lind, Lenny; Toldi, Catherine; Fisk, Sarah; Berger, Duane; Doyle, Michael. (2007). *Facilitator's Guide to Participatory Decision-Making*. Hoboken, NJ: Jossey-Bass.

Lipmanowicz, Henri; McCandless, Keith (2013) The Surprising Power of Liberating Structures: Simple Rules to Unleash A Culture of Innovation. Seattle, WA: Liberating structures Press.

Loureiro, F.M. (2018) Estruturas Libertadoras: Um novo caminho na facilitação de grupos. https://medium.com/@fernandomurrayloureiro

Moliní, E. (2012) Libro sobre Participación Genuína: el Arte de Pensar, Decidir y Trabajar Juntos. Molini, Partners in Change.

Owen, H. (1997) *Open Space Technology: A User's Guide*(3rd Edition), Berrett-Koehler.

Roschelle, J., & Teasley, S. D. (1995). The construction of shared knowledge in collaborative problem solving. In C. E. O'Malley (Ed.), *Computer-Supported Collaborative Learning* (pp.69-197). Berlin: Springer-Verlag.

Spencer, L. J. (1989). Winning through participation: Meeting the challenge of corporate change with the Technology of participation. Dubuque, Iowa: Kendall/Hunt Pub. Co.

Strauss, D. (2002) How to Make Collaboration Work: Powerful Ways to Build Consensus, Solve Problems and Make Decisions. San Francisco, CA: BK Inc.

Williams, R B (2007) More than Fifty Ways to Build Team Consensus, CA: Corwin Press

Referencias

i https://pt.linkedin.com/pulse/componente-ambiental-do-workplace-workspace-ant%C3%B3nio-fernandes

ii https://en.wikipedia.org/wiki/Coworking

iii https://highfive.com/blog/5-reasons-huddle-rooms-ultimate-collaboration-stations/

iv https://en.wikipedia.org/wiki/Hot_desking

v https://www.futuresource-consulting.com/reports/report/r/futuresource_team_collaboration_displays_h2_2017/i/528083

vi https://www.linkedin.com/pulse/whats-collaboration-architect-paul-nunesdea/

vii https://products.office.com/en-us/microsoft-teams/group-chat-software

viiiviii https://www.capterra.com/web-conferencing-software/

ix https://pt.wikipedia.org/wiki/Taylorismo

x http://www.tavinstitute.org/

xi https://en.wikipedia.org/wiki/Soft_systems_methodology

xiixii https://en.wikipedia.org/wiki/Soft_systems_methodology

xiii https://en.wikipedia.org/wiki/Peter_Checkland

xiv https://pt.wikipedia.org/wiki/Pensamento_sist%C3%AAmico

xv In Sam Kaner (2007). Facilitators Guide to Participatory Decision-Making, Wiley.

xvi https://www.linkedin.com/pulse/whats-collaboration-architect-paul-nunesdea/

[xvii] http://interactionassociates.com/

[xviii] Strauss, D. (2002) How to Make Collaboration Work: Powerful Ways to Build Consensus, Solve Problems and Make Decisions. San Francisco, CA: BK Inc.

[xix] http://molini.es/

[xx] https://es.wikipedia.org/wiki/Empresa_emergente

[xxi] https://hdhtech.com/why-video-teleconferencing-is-gaining-popularity/

[xxii] https://www.theguardian.com/artanddesign/2016/may/22/nap-pods-and-rooftop-parks-how-silicon-valley-is-reinventing-the-office

[xxiii] https://es.wikipedia.org/wiki/Elton_Mayo

[xxiv] Blak, Mouton e Allen, 1987, citado em Williams R.B, (2007) - Mais de 50 maneiras de construir o consenso da equipe.

[xxv] https://www.linkedin.com/pulse/meetings-vs-workshops-paul-nunesdea/

[xxvi] [xxvi] https://en.wikipedia.org/wiki/Volatility,_uncertainty,_complexity_and_ambiguity

[xxvii] https://es.wikipedia.org/wiki/Desarrollo_%C3%A1gil_de_software

[xxviii] https://es.wikipedia.org/wiki/Desarrollo_en_cascada

[xxix] https://es.wikipedia.org/wiki/Lean_manufacturing

[xxx] https://es.wikipedia.org/wiki/Scrum_(desarrollo_de_software)

[xxxi] https://www.grove.com/

[xxxii] https://www.linkedin.com/pulse/group-discussion-support-systems-paul-nunesdea/

[xxxiii][xxxiii] In Sam Kaner (2007). Facilitators Guide to Participatory Decision-Making, Wiley.

xxxiv https://blog.lucidmeetings.com/blog/meeting-execution-the-underlying-structure-of-meetings-that-work

xxxv https://es.wikipedia.org/wiki/Sistemas_de_soporte_a_decisiones

xxxvi https://www.linkedin.com/pulse/group-discussion-support-systems-paul-nunesdea/

xxxvii https://www.powernoodle.com/

xxxviii https://www.lucidmeetings.com/

xxxix https://www.rijksoverheid.nl/ministeries/ministerie-van-infrastructuur-en-waterstaat

xl https://en.wikipedia.org/wiki/Living_lab

xli https://www.dicio.com.br/vivencia/

xlii https://www.lego.com/en-us/seriousplay

xliii https://www.todostuslibros.com/libros/grupos-inteligentes_978-84-7884-261-2

xliv http://www.zenergyglobal.com/courses/index.htm

xlv https://www.grove.com/

xlvi http://www.ica-international.org/top-facilitation/

xlvii http://www.communityatwork.com/staff.html

xlviii http://www.liberatingstructures.com/

xlix https://en.wikipedia.org/wiki/Double-loop_learning

l http://www.schwarzassociates.com/

li http://www.openspaceworld.com/users_guide.htm

lii http://www.zenergyglobal.com/

liii https://en.wikipedia.org/wiki/Cave_of_Altamira

[liv] https://www.linkedin.com/pulse/collaboration-vs-group-decision-making-paul-nunesdea/

[lv] https://scholar.google.com/citations?user=T7MtZl0AAAAJ&hl=en

[lvi] https://www.thoughtco.com/visual-metaphor-1692595

[lvii] https://stormz.me/en

[lviii] https://www.groupvision.com/gdss-buy/

www.ingramcontent.com/pod-product-compliance
Lightning Source LLC
Chambersburg PA
CBHW052323220526
45472CB00001B/252